O Espírito do Zen no Tarô, de Osho

O Espírito do Zen no Tarô, de Osho

O Jogo da Vida

OSHO

Tradução
PAULO SALLES

EDITORA CULTRIX
São Paulo

Título do original: *Tarot in the Spirit of Zen – The Game of Life.*

Copyright © 2001 Osho International Foundation, www.osho.com.

Copyright da edição brasileira © 2004 Editora Pensamento-Cultrix Ltda.

3ª edição 2012.

Excertos de trabalhos selecionados de Osho.

As marcas registradas, **OSHO** e **OSHO** Zen Tarot, foram utilizadas neste livro com a permissão da Osho International Foundation.

Todos os direitos reservados. Nenhuma parte deste livro pode ser reproduzida ou usada de qualquer forma ou por qualquer meio, eletrônico ou mecânico, inclusive fotocópias, gravações ou sistema de armazenamento em banco de dados, sem permissão por escrito, exceto nos casos de trechos curtos citados em resenhas críticas ou artigos de revistas.

Direitos de tradução para a língua portuguesa
adquiridos com exclusividade pela
EDITORA PENSAMENTO-CULTRIX LTDA.
Rua Dr. Mário Vicente, 368 – 04270-000 – São Paulo, SP
Fone: (11) 2066-9000 – Fax: (11) 2066-9008
E-mail: atendimento@editoracultrix.com.br
http://www.editoracultrix.com.br
que se reserva a propriedade literária desta tradução.
Foi feito o depósito legal.

Impressão e Acabamento
Cometa Grafica e Editora
Tel- 11-2062 8999
www.cometagrafica.com.br

SUMÁRIO

Introdução: Sobre Prever o Futuro 9

OS ARCANOS MAIORES

0.	O Bobo	13
I.	Existência	17
II.	A Voz Interior	18
III.	Criatividade	20
IV.	O Rebelde	22
V.	Não-Materialidade	23
VI.	Os Amantes	25
VII.	Consciência	27
VIII.	Coragem	30
IX.	Solitude	32
X.	Mudança	34
XI.	Ruptura	36
XII.	Nova Visão	38
XIII.	Transformação	40
XIV.	Integração	42
XV.	Condicionamento	44
XVI.	Relâmpago	47
XVII.	Silêncio	49
XVIII.	Vidas Passadas	51

XIX. Inocência	53
XX. Além da Ilusão	56
XXI. Completude	59
O Mestre	61

O NAIPE DE FOGO (PAUS)

Rei de Fogo: O Criador	67
Rainha de Fogo: O Compartilhar	69
Cavaleiro de Fogo: Intensidade	70
Valete de Fogo: Espírito Brincalhão	73
Ás de Fogo/Ação: A Fonte	75
2 de Fogo/Ação: Possibilidades	78
3 de Fogo/Ação: O Experienciar	80
4 de Fogo/Ação: Participação	82
5 de Fogo/Ação: Totalidade	84
6 de Fogo/Ação: Sucesso	86
7·de Fogo/Ação: Estresse	88
8 de Fogo/Ação: Viagem	90
9 de Fogo/Ação: Exaustão	92
10 de Fogo/Ação: Repressão	95

O NAIPE DE ÁGUA (COPAS)

Rei de Água: A Cura	103
Rainha de Água: Receptividade	104
Cavaleiro de Água: Confiança	105
Valete de Água: Compreensão	107
Ás de Água/Emoções: Indo com a Correnteza	109
2 de Água/Emoções: Amistosidade	110
3 de Água/Emoções: Celebração	113
4 de Água/Emoções: Voltando-se para Dentro	116
5 de Água/Emoções: Apego ao Passado	120
6 de Água/Emoções: O Sonho	122
7 de Água/Emoções: Projeções	126
8 de Água/Emoções: Deixando ir	129
9 de Água/Emoções: Preguiça	131
10 de Água/Emoções: Harmonia	134

O NAIPE DE NUVENS (ESPADAS)

Rei de Nuvens: Controle 141
Rainha de Nuvens: Moralidade 143
Cavaleiro de Nuvens: A Luta 146
Valete de Nuvens: A Mente 148
Ás de Nuvens/A Mente: Consciência 150
2 de Nuvens/A Mente: Esquizofrenia 152
3 de Nuvens/A Mente: Isolamento Glacial 155
4 de Nuvens/A Mente: Adiamento 157
5 de Nuvens/A Mente: Comparação 159
6 de Nuvens/A Mente: O Fardo 163
7 de Nuvens/A Mente: Política 165
8 de Nuvens/A Mente: Culpa 168
9 de Nuvens/A Mente: Sofrimento 171
10 de Nuvens/A Mente: Renascimento 175

O NAIPE DE ARCO-ÍRIS (DISCOS, PENTÁCULOS)

Rei de Arco-Íris: Abundância 183
Rainha de Arco-Íris: Florescimento 184
Cavaleiro de Arco-Íris: Desaceleração 186
Valete de Arco-Íris: Aventura 188
Ás de Arco-Íris/ O Plano Físico: Maturidade 189
2 de Arco-Íris/O Plano Físico: Momento a Momento 190
3 de Arco-Íris/ O Plano Físico: Orientação 193
4 de Arco-Íris/ O Plano Físico: O Avarento 195
5 de Arco-Íris/ O Plano Físico: O Forasteiro 197
6 de Arco-Íris/ O Plano Físico: Concessão 199
7 de Arco-Íris/ O Plano Físico: Paciência 201
8 de Arco-Íris/ O Plano Físico: Simplicidade 204
9 de Arco-Íris/ O Plano Físico: Momento da Colheita 206
10 de Arco-Íris/ O Plano Físico: Nós Somos o Mundo 208

Tabela de Correspondências 211
Sobre o Autor 215
Resort Osho® Meditation 216

INTRODUÇÃO

Sobre Prever o Futuro

A liberdade só pode existir quando o futuro é aberto. Mas, se o futuro é aberto, não há nenhuma possibilidade de previsão. Aquele homem, tão bonito, talvez cometa um assassinato amanhã. O amanhã é aberto.

É preciso lembrar uma coisa fundamental: sempre que fazemos alguma coisa — astrologia, vidência, leitura de mapa astral, quiromancia, I Ching, tarô —, qualquer coisa referente ao futuro, é basicamente uma leitura do inconsciente da pessoa. Isso não tem muito a ver com o futuro. Tem mais a ver com o passado; mas, como o futuro é criado pelo passado, então essa leitura é relevante também para o futuro. Como as pessoas vivem como máquinas, a previsão é possível. Se você conhece o passado da pessoa, a menos que ela seja um buda, é possível prever o futuro dela, porque ela vai repetir o passado. Se ela foi uma pessoa furiosa no passado, traz consigo a tendência de ser furiosa, e essa tendência terá efeitos no futuro.

Em geral, um ser inconsciente vai repetindo o passado muitas e muitas vezes; trata-se de um fenômeno circular; ele repete — não é capaz de fazer mais nada. Não é capaz de introduzir nada de novo em sua vida, não é capaz de uma ruptura. É por isso que todas essas ciências divinatórias funcionam. Se as pessoas fossem mais conscientes, mais alertas, elas não funcionariam.

Não é possível ler o mapa astral ou a mão de um buda porque ele está tão livre do passado e tão vazio no presente que não há nada para ler!

❅

Tem havido um grande mal-entendido sobre o que é a vida e o que é o tempo. Considera-se que o tempo consiste em três instâncias: passado, presente e futuro — e isso é errado. O tempo consiste apenas em passado e futuro. É a vida que consiste no presente.

Portanto, para os que querem viver, não há outra maneira senão viver este momento. Só o presente é existencial. O passado é uma mera coleção de lembranças, e o futuro não é mais que a sua imaginação, que os seus sonhos.

A realidade é aqui e agora. Para as pessoas que querem só pensar sobre a vida, sobre o viver, sobre o amor — para elas, o passado e o futuro são perfeitos, porque fornecem um espaço de abrangência infinita. Elas podem adornar o passado, torná-lo tão bonito quanto quiserem — embora nunca o tenham vivido; quando ele era o presente, elas não estavam lá. São apenas sombras, reflexos. Estavam continuamente correndo e, ao correr, viram umas poucas coisas. Pensam que viveram. No passado, só a morte é real, e não a vida. No futuro também, só a morte é real, e não a vida.

As pessoas que perderam a oportunidade de viver no passado começam automaticamente — para preencher a lacuna — a sonhar com o futuro. Seu futuro é apenas uma projeção do passado. O que quer que tenham perdido no passado, elas esperam do futuro; e, entre essas duas não-existências, encontra-se o pequeno momento existente que é a vida.

Para aqueles que querem viver, e não pensar sobre isso; amar, e não pensar sobre isso; ser, e não filosofar sobre isso — não há outra alternativa. Beber o sumo do momento presente, espremê-lo até o fim, porque ele não vai voltar nunca mais; assim que termina, terminou para sempre.

Mas, devido aquele mal-entendido, que é quase tão antigo quanto o homem — e todas as culturas participam dele —, as pessoas fizeram do presente uma parte do tempo. E o presente nada tem a ver com o tempo. Se você simplesmente está aqui, neste momento, não existe tempo. Existe um silêncio imenso, uma calma, nenhum movimento, nada passa, tudo chegou a um repentino ponto de parada.

O presente dá a você a oportunidade de mergulhar fundo nas águas da vida, oü de voar alto nos céus da vida. Mas há perigo de ambos os lados — passado e futuro são as palavras mais perigosas da linguagem humana. Entre o passado e o futuro, viver no presente é quase como andar sobre a corda bamba — há perigo de ambos os lados. Mas, depois de experimentar o sumo do presente, você não se importa mais com o perigo. Quando se está em sintonia com a vida, nada tem importância. E, para mim, a vida é tudo.

Você pode chamá-lo de "Deus", mas esse não é um bom nome, porque as religiões o contaminaram. Você pode chamá-lo de "existência", que é um nome bonito. Mas do que você o chama não tem a menor conseqüência. O importante é compreender claramente que você tem apenas um momento em suas mãos — o verdadeiro momento. E você terá muitas vezes esse verdadeiro momento. Quer você o viva, quer você o deixe para trás sem vivê-lo.

A maioria das pessoas simplesmente se arrasta do berço à cova, sem viver absolutamente nada. Ouvi certa vez uma história sufista em que um homem, ao morrer, percebeu de repente: "Meu Deus, eu estava vivo." Mas só a morte, pelo contraste, foi capaz de torná-lo consciente de que, durante setenta anos, ele estivera vivo, embora a vida em si não o tivesse enriquecido.

Não é culpa da vida. É a nossa incompreensão.

Minha insistência na vigilância lhe dará a vida sem sequer pensar nisso, porque a vigilância só pode estar no presente. Você só pode testemunhar o presente. Viver totalmente e viver intensamente, de modo que cada momento seja de ouro, e a sua vida toda seja uma série de momentos de ouro.

OS ARCANOS MAIORES

0. O Bobo

O BOBO

A vida é tentativa e erro; é preciso aprender com os erros.

Um bobo despencou de uma janela do sexto andar. Está caído no chão, com uma grande multidão em torno dele. Um guarda se aproxima e pergunta: "O que aconteceu?" O bobo diz: "Não sei, eu simplesmente cheguei aqui."

    Antigamente, todos os grandes imperadores tinham sempre um bobo da corte. Tinham muitos sábios, conselheiros, ministros e primeiros-ministros — mas sempre um bobo. Embora fossem inteligentes e sábios, os imperadores de todo o mundo, no Oriente e no Ocidente, tinham um comediante da corte, um bobo. Por quê? Porque existem coisas que os assim chamados sábios não são capazes de entender, que somente um homem bobo consegue entender, porque os assim chamados sábios são tão bobos que sua astúcia e esperteza fecha a mente deles.

    O bobo era simples, e era indispensável porque muitas vezes os sábios não diziam certas coisas porque tinham medo do imperador. O bobo não tinha medo de ninguém. Ele simplesmente dizia, fossem quais fossem as consequências. Um bobo é um homem que não pensa nas consequências.

❋

Vou explicar agora quantos tipos de bobo existem.

O primeiro: o que não sabe e não sabe que não sabe. O bobo simples. Depois, o segundo: o que não sabe mas acha que sabe. O bobo complexo, o bobo erudito. E o terceiro: o bobo que sabe que não sabe — o bobo abençoado.

Todo mundo nasce como bobo simples — é o significado de "simplório". Toda criança é um bobo simples. Ela não sabe que não sabe. Ainda não adquiriu a consciência da possibilidade de saber — é a parábola cristã de Adão e Eva.

Deus disse a eles: "Não comam do fruto da árvore do conhecimento." Antes do desastre de comerem o fruto da árvore do conhecimento, eles eram bobos simples. Não sabiam de nada. Eram, é claro, tremendamente felizes, porque, quando você não sabe, é difícil ser infeliz. A infelicidade requer certo treino, certa eficiência em criá-la, certa tecnologia. Não se pode criar nada sem conhecimento. Como se pode criar o inferno sem conhecimento?

Adão e Eva eram como crianças pequenas. Sempre que nasce uma criança, nasce um Adão. Ele vive durante alguns anos — no máximo quatro, e esse período fica cada vez menor, a cada dia que passa. Ele vive no paraíso, porque não sabe como criar a miséria. Ele confia na vida; gosta das pequenas coisas — seixos na areia da praia, conchinhas. Coleciona-as como quem encontra um tesouro. Pedras coloridas comuns parecem diamantes Kohinoor. Tudo o fascina: as gotas de orvalho ao sol da manhã, as estrelas à noite, a lua, as flores, as borboletas — tudo é pura fascinação.

Mas depois, aos poucos, ele começa a saber: uma borboleta é só uma borboleta. Uma flor é só uma flor. Não há grande coisa nisso. Ele começa a conhecer os nomes: isso é uma rosa, aquilo é um lírio, aquele é um malmequer, este é um lótus. E com o tempo esses nomes vão se tornando barreiras. Quanto mais ele sabe, mais se desliga da vida como tal. Ele fica "cabeçudo". Agora ele vive na cabeça, e não em sua totalidade. É o significado da queda. Ele comeu do fruto da árvore do conhecimento. Toda criança precisa comer desse fruto.

Toda criança é tão simples que precisa ficar complexa — faz parte do crescimento. Então toda criança vai da tolice simples à tolice complexa. Existem diferentes graus de tolice complexa — algumas pessoas se formam na escola, poucas concluem um curso superior, e menos ainda chegam a ser doutores e Ph.Ds — existem graus. Mas toda criança precisa experimentar um pouco do conhecimento, porque a tentação de saber é grande. Tudo o que permanece desconhecido se torna perigoso, uma ameaça. Deve então ser conhecido, porque, com o conhecimento, podemos enfrentá-lo. Sem o conhecimento, como enfrentar o que quer que seja? Toda criança, portanto, é obrigada a instruir-se.

Assim, o primeiro tipo de bobo tem de se tornar, por uma questão de necessidade, o segundo tipo de bobo. Mas o terceiro pode vir ou não depois do segundo; não há necessidade. O terceiro só é possível quando o segundo tipo de tolice já se tornou um grande fardo — quando o conhecimento foi levado longe demais, ao extremo. Quando a pessoa se reduziu à cabeça e perdeu toda a sensibilidade, toda a consciência, toda a vivacidade; quando ela se reduziu a teorias e escrituras e dogmas e palavras e palavras rodopiando dentro da mente. Um dia, se a pessoa for consciente, ela tem de abandonar tudo isso. E assim ela se torna o terceiro tipo — o bobo abençoado.

Ela atinge então uma segunda infância; é criança outra vez. Lembre-se de Jesus dizendo: "No reino de Deus, só os que forem como crianças pequenas serão bem-vindos." Mas veja: ele diz *como* crianças pequenas", e não "crianças pequenas". As crianças não podem entrar; elas precisam passar pelos reveses do mundo, ser envenenadas no mundo, para depois purificar-se. Essa experiência é obrigatória.

Ele não diz, portanto, "crianças pequenas", ele diz "aqueles que forem *como* crianças pequenas". As crianças são santas, mas a sua santidade só é somente porque elas ainda não experimentaram as tentações do pecado. É uma santidade muito simples. Não tem grande valor, porque elas não fizeram por merecê-la, não trabalharam por ela; ainda não foram tentadas contra ela. Mas as tentações vêm, mais cedo ou mais tarde. Haverá mil e uma tentações, e a criança será puxada para várias direções. Não estou dizendo que ela não deva ir para essas direções. Se ela se inibe, se reprime o impulso de ir, vai continuar sendo para sempre o primeiro tipo de bobo. Vai simplesmente continuar ignorante. Porém a sua ignorância não passará de uma repressão, não será um alívio do fardo.

Primeiro ela deve atingir o conhecimento, primeiro deve pecar, e só depois do pecado, do conhecimento, da desobediência, de entrar na loucura do mundo, perder-se, viver a vida do ego, só então ela se tornará capaz de, talvez um dia, abandonar tudo isso.

Nem todos vão abandonar. Todas as crianças passam da primeira para a segunda tolice, mas da segunda somente umas poucas abençoadas passam para a terceira — e por isso são chamadas de bobos abençoados.

O bobo abençoado é a maior de todas as possibilidades de conhecimento, porque ele chegou a saber que o conhecimento é fútil, que todo conhecimento é um obstáculo ao saber. Por isso, ele abandona o conhecimento e se torna um mero conhecedor. Ele simplesmente atinge a clareza de visão. Seus olhos estão vazios de teorias e pensamentos. A mente não é mais mente; é apenas inteligência, pura inteligência. A mente não está mais abarrotada de entulho, de conhecimento emprestado. Ele é simplesmente consciente. É uma chama de consciência.

Você já ouviu falar de algum bobo que tenha ficado louco? Isso nunca aconteceu. Sempre procurei alguma história de um homem bobo que tenha ficado louco. Não encontrei nenhuma. É claro que o bobo não pode enlouquecer, porque, para ficar louco, você precisa ser muito sério.

Sempre tentei descobrir também se os bobos eram, de algum modo, propensos a serem mais saudáveis do que os assim chamados sábios. E, de fato, os bobos são mais saudáveis. Eles vivem o momento, e sabem que são bobos, de modo que não se preocupam com o que os outros pensam deles. Esse tipo de preocupação acaba se tornando um fenômeno canceroso na mente e no corpo. Os bobos têm vida longa e riem por último.

Lembre-se de que a vida deveria ser um equilíbrio profundo, um equilíbrio muito profundo. Então, bem no meio, você escapa. A energia se eleva às alturas, você começa a ir para cima. E isso vale para todos os opostos. Não seja homem, não seja mulher: seja ambos, e assim você poderá não ser nenhum dos dois. Não seja sábio, não seja bobo. Seja ambos, e assim você poderá ir além.

I. Existência

Nós fazemos parte da existência; não estamos separados. Mesmo se quisermos estar separados, não podemos... E, quanto mais você estiver unido à existência, mais vivo você estará.

É por isso que eu insisto continuamente em viver de modo integral, de modo intenso: porque, quanto mais profundo é o seu viver, mais você está em contato com a existência. Você nasceu dela; a cada momento você é renovado, rejuvenescido, ressuscitado por cada respiração, por cada batida do seu coração — a existência cuida de você.

Quando você começa a prestar atenção à sua respiração, percebe um grande fenômeno: ao respirar, você está continuamente ligado à existência, ininterruptamente — sem feriados. Esteja você acordado ou dormindo, a existência vai despejando vida em você, e retirando tudo o que está morto.

Quando eu digo que "a existência cuida", não estou filosofando. A filosofia, em geral, não faz sentido. Estou apenas declarando um fato real. E tomar consciência dele cria em você uma grande confiança. Quando digo que "a existência cuida", é para despertar uma consciência que pode resultar na beleza de confiar na existência.

Não peço que você acredite num Deus hipotético, nem que tenha fé num messias, num salvador; tudo isso são desejos infantis de ter uma figura paterna que cuide de você. Mas são todos hipotéticos. Nunca houve um salvador no mundo.

A existência é suficiente em si mesma. Quero que você se indague sobre a sua relação com a existência, e dessa indagação surgirá a confiança — não a crença, nem a fé. A confiança tem beleza, porque é experiência sua. A confiança ajuda você a relaxar, porque toda a existência está cuidando — não é preciso ficar inquieto e preocupado. Não é preciso ter nenhuma ansiedade, nenhuma angústia, nada daquilo que os existencialistas denominam *"angst"*.

❦

17

Toda a existência é viva. Nada é sem vida. Esse é um dos pilares do Zen: toda a existência é viva. É por isso que o Zen pode descartar o conceito de Deus. Não é necessário. Toda a existência é viva, sensível, inteligente, capaz de se transformar na experiência divina de ser desperta.

Um homem que conhece a sua relação, a sua profunda relação com a existência não pode cometer nada contra a existência, contra a vida. É simplesmente impossível. Ele pode derramar apenas a quantidade de bênção, de graça que você está preparado para receber. Mas as fontes dele são inesgotáveis. Quando você encontra as suas próprias fontes inesgotáveis de vida e o êxtase que advém delas, não importa se há ou não um Deus. Não importa se existe um inferno, ou um céu. Realmente não importa.

Assim, quando lêem sobre o Zen, as pessoas religiosas ficam simplesmente desconcertadas, porque não se trata de nada do que elas sempre aprenderam. São diálogos estranhos, onde não há nada... não se fala de Deus, nem de paraíso, nem de inferno. O Zen é uma religião científica. Sua busca não é baseada na crença, mas na experiência. Assim como a ciência baseia-se objetivamente no experimento, o Zen baseia-se subjetivamente na experiência. Uma ciência mira o exterior, a outra mira o interior.

II. A Voz Interior

A VOZ INTERIOR

Nós buscamos desnecessariamente conselhos externos, quando a existência está disposta a falar conosco a partir do mais íntimo cerne do nosso ser. Ela já está ali, mas nós nunca ouvimos aquela voz silenciosa, baixinha.

Na verdade, não somos capazes de ouvir, porque temos uma cabeça muito barulhenta, há sempre muita tagarelice. Aquela voz silenciosa, baixinha não é capaz de penetrar a não ser quando a mente está em silêncio absoluto.

Em várias universidades americanas fizeram-se alguns experimentos com o silêncio total. É claro que esses experimentos referiam-se ao ruído externo. Aconteceu de um músico entrar numa câmara absolutamente à prova de som; não penetrava nenhum ruído do exterior. Ele entrou na câmara e ficou surpreso, porque lhe disseram que haveria silêncio absoluto — ele era um músico experiente, não era surdo, tinha ouvido para o som... Ficou bastante perplexo, pois começou a ouvir dois sons. Saiu precipitadamente e perguntou ao diretor: "O que está acontecendo? Estou ouvindo dois sons."

O diretor riu e disse: "Sim, esses dois sons estão aí. Um é o do seu coração funcionando, e o outro é do sangue circulando. Esses nós não podemos fazer parar, porque eles vão junto com você." O músico disse: "Nunca os tinha ouvido antes!"

Ninguém nunca os ouve, mas, se você entrar numa câmara absolutamente silenciosa, cem por cento à prova de som, vai ouvir subitamente o seu coração batendo, bem alto — você não imagina como o coração bate alto, é quase como se o som viesse de fora — e o sangue circulando. O sangue circula com uma velocidade enorme, é um fluxo constante. Ele percorre um caminho irregular. É como um rio, tem seu próprio som.

A mesma coisa acontece quando a mente interior está em completo silêncio devido à consciência meditativa. Então você ouve o conselho vindo do mais íntimo, e pode ouvi-lo em todas as situações. É o encontro do guia interior.

Toda a finalidade da meditação consiste simplesmente em encontrar o guia interior. Depois que você encontra o guia interior, a meditação também não é mais necessária; nada mais é necessário. Você abriu os olhos; agora pode viver sua vida com total espontaneidade. Não precisa mais depender do sistema de memória, agora as suas respostas serão respostas reais. Suas ações serão respostas reais, e não reações.

As reações vêm da mente, as respostas vêm do mais íntimo cerne do ser — e existe uma enorme diferença, uma imensa distância entre as duas. Uma reação é algo emprestado e, portanto, você não é você mesmo; a resposta é sua, por isso ela preenche, ajuda você a continuar crescendo, a continuar se elevando cada vez mais. Finalmente, seguindo o conselho interior você alcança a harmonia absoluta com o todo porque, quando prossegue sempre do modo certo, você entra em harmonia com o todo. É exatamente esse o sentido de "certo" e "errado".

"Errado" é o que se desviou do todo, o que está em discordância com o todo; e "certo" é o que está em harmonia com o todo. E o todo tem uma ligação direta com o seu ser. Você precisa descobri-la, e, quando o fizer, ela se tornará uma verdade para você.

❧

Nenhuma das vozes dentro de você vem do eu interior. Todas as vozes vêm da mente. Quando essas vozes estão ausentes, o eu interior o inspira, em silêncio, para determinada ação ou direção. Isso não vem em palavras — é uma indicação silenciosa. De outro modo, seria absolutamente impossível descobrir qual é a voz do eu interior.

É fácil, porque nenhuma voz é a do eu interior. Assim, quando todas as vozes se calaram e resta o silêncio absoluto, o eu interior é capaz de tomar você pela mão e levá-lo. É o momento de deixar acontecer, e permitir que ele leve você aonde for.

Na linguagem, precisamos usar palavras que não se aplicam à realidade interior — por exemplo, a "voz interior". Não existe voz — é simplesmente o silêncio interior. Quando usamos a expressão "voz interior", você não capta a idéia de que existe alguma inspiração ou direção para a qual se aponta, portanto, apesar de as usarmos com freqüência, essas não são as palavras certas.

III. Criatividade

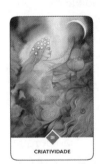

Os pintores pintam, criam pinturas; os poetas escrevem, criam poesia; os dançarinos criam dança... mas tudo isso são apenas fragmentos. A pessoa religiosa cria a si mesma; a pessoa religiosa é o maior artista que existe.

A única maneira de estar realmente em sintonia com a existência é ser criativo. Quando você cria alguma coisa, o que quer que seja — poesia, uma canção, alguma música, alguma dança, o que for —, sempre que cria, você participa da existência. Não está mais separado dela. Na verdade, você desaparece, e a existência começa a criar por intermédio de você. E, se você consegue se agarrar a esses momentos, se você toma consciência desses raros momentos em que não existe ego e a criação simplesmente flui através de você, então a criatividade se torna meditativa.

Todo criador conhece esses momentos, mas só vagamente. Os poetas sabem que há momentos em que a poesia simplesmente flui; mesmo querendo detê-la, você não consegue. E há momentos em que você está simplesmente seco; há feitiços de secura quando você quer criar alguma coisa mas não vem nada. Quanto mais esforço você faz, menor é a possibilidade... porque o esforço significa simplesmente esforço do ego.

A criatividade surge só quando o ego está ausente, quando você está relaxado, em profundo repouso, quando realmente não existe nenhum desejo de nada. De repente, você é agarrado, uma força desconhecida o domina, se apossa de você. É o termo exato: você é possuído.

Os poetas, os pintores, os escultores, todos eles conhecem esses momentos, mas só se dão conta deles depois que terminam; apenas se lembram deles. Olham para trás e sentem que ali havia alguma coisa muito importante, mas que agora não há mais. Captam esses momentos só depois que terminam. O meditador os capta enquanto estão acontecendo. Essa é a única diferença entre o poeta e o místico: o poeta lembra-se dos momentos criativos; o místico toma consciência deles no próprio momento. E isso faz uma grande diferença.

Quando você toma consciência de que não é e mesmo assim é — de que o ego não está mais ali, de que o eu não está mais ali, e mesmo assim você é —, você tem uma experiência totalmente nova do seu próprio ser. Buda chama isso de "nirvana", o não-eu. E o criador alcança essa experiência muitas vezes; só que ele deveria captá-la enquanto ela está lá.

A meditação é simplesmente captar esses momentos, e a criatividade é criar esses momentos. Quando criatividade e meditação se encontram, você chegou em casa; a jornada se completou.

IV. O Rebelde

A situação do rebelde é tremendamente excitante; a cada momento ele depara com problemas porque a sociedade tem um costume fixo, um padrão fixo, ideais fixos. E o rebelde não consegue viver com esses ideais fixos — ele precisa seguir a sua própria voz silenciosa, baixinha.

O rebelde renuncia ao passado. Ele não repete o passado, ele traz algo novo ao mundo. Aqueles que fugiram do mundo e da sociedade são escapistas. Eles realmente renunciaram às responsabilidades, mas sem compreender que, no momento em que renunciamos às responsabilidades, renunciamos também à liberdade. São as complexidades da vida: a liberdade e as responsabilidades ou vão embora juntas, ou permanecem juntas.

Quanto mais você ama a liberdade, mais está apto a aceitar responsabilidades. Mas, fora do mundo, fora da sociedade, nenhuma responsabilidade é possível. E é preciso lembrar que tudo o que aprendemos nós aprendemos sendo responsáveis.

O passado destruiu a beleza da palavra "responsabilidade". Tornaram-na quase equivalente a "dever"; mas na verdade ela não é. Um dever é algo que você faz com relutância, como parte da sua escravidão espiritual. O dever para com os seus pais, o seu marido, os seus filhos — não se trata de responsabilidade. Compreender a palavra "responsabilidade" é muito importante. É preciso dividi-la em duas: "resposta" e "habilidade".

Você pode agir de duas formas — uma é reação, a outra é resposta. A reação vem dos seus condicionamentos passados; ela é mecânica. A resposta vem da sua presença, atenção, consciência; ela não é mecânica. E a habilidade de responder é um dos maiores princípios do crescimento. Você não segue nenhuma ordem, nenhum mandamento; simplesmente segue a sua consciência. Você age como um espelho, refletindo a situação e respondendo a ela — não a partir da sua memória, das experiências passadas de situações semelhantes, não repetindo as suas reações, mas agindo de modo diferente, novo, no momento presente.

Nem a situação nem a sua resposta são velhas — as duas são novas. Essa habilidade é uma das qualidades do rebelde.

V. Não-Materialidade

Criar o nada em você é o objetivo da meditação, mas esse nada não tem nenhuma relação com a idéia de negativo. Ele é pleno, abundantemente pleno. É tão pleno que chega a transbordar. Buda definiu esse nada como uma compaixão transbordante.

O nada pode ser apenas o vazio, como pode ser uma imensa plenitude. Pode ser negativo, pode ser positivo. Quando é negativo, é como a morte, as trevas. As religiões o denominam "inferno". É o inferno porque não há alegria, não há música, não há batida do coração, não há dança. Nada floresce, nada se abre. Simplesmente se está vazio.

Esse nada vazio criou um grande medo nas pessoas. É por isso que, em particular no Ocidente, Deus jamais foi chamado de "nada", exceto por uns poucos místicos como Dionísio, Eckhart e Boehme; mas eles não constituem a principal corrente de pensamento do Ocidente. O Ocidente sempre concebeu o nada no sentido negativo e, assim, criou um medo enorme dele. E ainda hoje se diz às pessoas que a mente vazia é a oficina do Diabo.

O Oriente conheceu também o aspecto positivo do nada; essa foi uma das maiores contribuições à consciência humana. Buda riria da afirmação de que o vazio é a oficina do Diabo. Ele diria: "Somente no vazio, somente no nada surge a devoção." Mas estaria falando do aspecto positivo desse fenômeno.

Para Gautama Buda, para Mahavira, para a longa tradição dos mestres zen e dos taoístas, o nada significa simplesmente não-materialidade. Todas as coisas desapareceram, e então resta a consciência pura. O espelho está vazio de qualquer reflexo, mas está lá. A consciência está vazia de conteúdo, mas está lá. Quando estava cheia de conteúdo, havia tantas coisas dentro dela que ficava impossível saber o que ela é. Quando a consciência está cheia de conteúdo, ela é o que denominamos "mente". Quando está vazia de todo conteúdo, é o que denominamos "não-mente" ou "meditação".

Criar o nada em você é o objetivo da meditação, mas esse nada não tem nenhuma relação com a idéia de negativo. Ele é pleno, abundantemente pleno. É tão pleno que chega a transbordar. Buda definiu esse nada como uma compaixão transbordante.

A palavra "compaixão" é bonita. Deriva da mesma palavra que "paixão". Quando a paixão é transformada, quando o desejo de encontrar e buscar o outro não está mais ali, quando você basta a si mesmo, quando não precisa de ninguém, quando o próprio desejo pelo outro evaporou, quando você está completamente feliz, alegre, apenas por estar sozinho, a paixão se transforma em compaixão.

Só o nada pode ser infinito; a materialidade é obrigatoriamente finita. Só a partir do nada é possível a infinita expansão da vida, da existência — não a partir da materialidade. Deus não é alguém; Ele é ninguém, ou, mais corretamente, não-alguém. Deus não é algo; Ele é nada, ou, ainda mais corretamente, não-coisa. É um vazio criador — aquilo que Buda denominou *"sunya"*. Deus é vazio criador.

❀

Lembre-se: o nada não significa que não é nada; o nada significa simplesmente que é tudo. Nada significa "não-materialidade". As coisas são formas; o nada é uma energia sem forma. Ele pode se manifestar em milhões de formas, e isso só é possível porque ele não tem uma forma própria. Ele é fluido, está disponível para qualquer forma, não opõe resistência a nenhuma forma. Ele pode se expressar de milhões de maneiras diferentes porque não tem obsessão, não tem fixação. Pode florescer como uma rosa ou como um lótus. Pode ser uma canção, uma dança, pode ser o silêncio. Tudo é possível porque o nada significa simplesmente que ainda não se adotou nenhuma forma. Assim que se adota uma, as coisas ficam limitadas, as alternativas ficam limitadas. Assim que adota uma forma, você não é mais totalmente livre; sua forma passa a ser sua escravidão. Portanto, a meditação é uma porta para o vazio.

O pensamento é um mundo; por isso Buda chamou a mente de "o mundo". No instante em que surge um pensamento, emerge uma onda no lago da consciência, emerge uma forma, e a forma é apenas temporal, momentânea. Logo desaparece; não subsiste, não é eterna. Não se apegue a ela. Observe-a chegando e indo embora. Observe-a emergindo e desaparecendo, mas não se apegue a ela. Lembre-se da consciência, da qual ela emerge e na qual volta a se dissolver. Essa é a sua realidade, essa é a sua verdade.

VI. Os Amantes

Para os outros, parecerá loucura — na verdade todo amor é louco e todo amor é cego, pelo menos para aqueles que não sabem o que é o amor. Para os "não-amantes", o amor é cego; para os amantes, o amor é o único olho capaz de ver a verdadeira essência da existência.

O amor é o objetivo — a vida é o caminho. E um caminho sem objetivo está fadado a ser neurótico, casual; não tem direção nenhuma. Num dia você vai para o norte, no outro vai para o sul. E continuará acidental — qualquer coisa pode levar você a qualquer lugar. Você permanecerá como um galho flutuando à deriva, a menos que o objetivo seja claro.

A palavra "intimidade" vem de uma raiz latina: *"intimum"*. *"Intimum"* quer dizer a sua interioridade, o seu cerne mais interior. A menos que exista alguma coisa ali, você não conseguirá ser íntimo de ninguém. Você não conseguirá deixar que o *intimum*, a intimidade, apareça porque o outro verá a chaga, a ferida e o pus escorrendo para fora dela. E verá que você não sabe quem é, que você é um louco que não sabe para onde vai, que nem sequer ouviu sua própria música, que a sua vida é um caos, e não um cosmos. Daí o medo da intimidade. Mesmo os amantes só se tornam íntimos raramente. E a mera relação sexual com alguém não é intimidade. O orgasmo genital não é tudo, em matéria de intimidade. É apenas a periferia dela; a intimidade pode existir com ou sem isso.

A intimidade é uma dimensão totalmente diferente. É permitir que o outro entre em você e o veja como você mesmo se vê; é permitir que o outro veja você por dentro, é convidar alguém a conhecer aquele mais profundo cerne do seu ser. No mundo moderno, a intimidade está desaparecendo. Nem mesmo os amantes são íntimos. A amizade, hoje, é só uma palavra — desapareceu. E qual é o motivo? O motivo é que não existe nada para compartilhar. Quem quer mostrar a própria miséria interior? Todos querem fingir: "Eu sou rico, eu conquistei, eu sei o que estou fazendo, eu sei para onde estou indo."

Ninguém está preparado nem é corajoso o bastante para se abrir, para mostrar o próprio caos interior e ser vulnerável. O outro pode explorar isso — aí está o medo. O outro pode ficar muito dominador se perceber que você é um caos. Vendo que você precisa de um mestre, que você não é mestre do seu próprio ser, o outro pode querer ser esse mestre. Por isso todos tentam se proteger, e assim ninguém conhece o próprio abandono interior, pois, do contrário, ficaria sujeito a ser explorado. Este mundo consiste numa grande exploração.

O amor é o objetivo, e quando o objetivo é claro você começa a crescer em riqueza interior. A ferida desaparece e se transforma num lótus; a ferida é transmutada num lótus. É o milagre do amor, a mágica do amor. O amor é a maior força alquímica do mundo. Aqueles que sabem como usá-la conseguem atingir o cume mais alto.

❃

Quando você não precisa de absolutamente ninguém, quando é totalmente suficiente para si mesmo, quando consegue estar sozinho e em enorme felicidade e êxtase, o amor é possível. Mesmo nesse caso, porém, você não tem certeza se o amor do outro é verdadeiro ou não — você só pode ter certeza de uma coisa: se o seu amor é verdadeiro. Como você pode ter certeza quanto ao outro? Mas, neste caso, não é preciso.

Contudo, enquanto você estiver adormecido, vai precisar do amor de alguém — mesmo que seja falso, você vai precisar. Aproveite! Não crie ansiedade. E procure estar cada vez mais desperto.

Um dia, quando estiver realmente desperto, você será capaz de amar — mas então você terá certeza apenas do seu amor. Já é o suficiente! Quem se importa? Pois, neste exato momento, você ainda quer usar os outros. Quando está realmente feliz consigo mesmo, você não quer usar ninguém. Quer apenas compartilhar. Você tem tanto, há tanto transbordando que você quer alguém para compartilhar isso. E se sente grato quando alguém está preparado para receber.

Neste exato momento, você está preocupado demais pensando se o outro o ama de verdade — porque você não tem certeza nem do seu próprio amor. Um detalhe: você não tem certeza do seu valor. Não consegue acreditar que alguém possa amá-lo de verdade. Não vê nada em si mesmo. Não consegue amar a si mesmo — como outra pessoa poderia amar você? Parece irreal, impossível.

Você se ama? Você nem mesmo se pergunta isso. As pessoas odeiam a si mesmas. Condenam-se — vivem se condenando; vivem pensando que são ruins. Como o outro poderia amar você? Uma pessoa tão ruim. Não, ninguém pode amar você de verdade. O outro deve estar tentando enganá-lo, iludi-lo; deve haver alguma outra razão. Ela deve estar querendo alguma outra coisa; ele deve estar querendo alguma outra coisa.

Não há como ter certeza sobre o outro — primeiro tenha certeza sobre você mesmo. Uma pessoa que tem certeza sobre si mesma tem certeza sobre o mundo inteiro.

VII. Consciência

Você é consciência. Ela não é nada que você faça, não é nada que precise ser feito — a sua verdadeira natureza é consciência.

A consciência não faz parte da mente. Ela flui por meio da mente, mas não faz parte dela. É exatamente como numa lâmpada elétrica — a eletricidade flui por meio dela, mas não faz parte da lâmpada. Se você quebra a lâmpada, mesmo assim não quebra a eletricidade. A expressão é obstruída, mas a potencialidade permanece, oculta. Você põe uma outra lâmpada, e a eletricidade volta a fluir.

A mente é apenas um instrumento. A consciência não faz parte dela, mas flui por meio dela. Quando se transcende a mente, a consciência permanece em si mesma. É por isso que eu digo que até mesmo um Buda precisa usar a mente ao falar, ao relacionar-se — pois, nesse caso, ele precisa fluir, fluir de seu reservatório interior. Ele precisa usar instrumentos, meios, e a mente serve para isso. Ela é apenas um veículo.

A mente é apenas o veículo. E você não a usa na sua capacidade total. Se você a usar na sua capacidade total, ela se transformará em conhecimento direto. Você usa sua mente como alguém que usasse um avião como se fosse um ônibus. Você pode cortar as asas do avião e usá-lo como um ônibus, na estrada. Vai dar certo; ele vai funcionar como ônibus. Mas é uma tolice. É um ônibus que poderia voar! Você não está usando todo o seu potencial!

Você usa a mente para sonhos, imaginações, loucuras. Você não a usou corretamente, cortou as asas dela. Se você usar as asas, ela pode se transformar em conhecimento direto; pode se transformar em sabedoria. Mas isso também faz parte da mente; é veículo ainda. O usuário continua de fora; ele não pode ser usado. Você é que está usando, você é consciência. E todos os esforços da meditação significam conhecer essa consciência em sua pureza, sem nenhuma mediação.

Quando você a conhece sem nenhum instrumento, então você a conhece realmente! E isso só pode acontecer quando a mente pára de funcionar. A mente parou de funcionar — você fica consciente de que a consciência está lá, ela o preenche. A mente era apenas um veículo, uma passagem. Agora, se quiser, você pode usar a mente; mas, se não quiser, não precisa usar.

A mente e o corpo são veículos. Você não é o veículo: você é o mestre que está por trás desses veículos. Mas se esqueceu completamente disso. E então se tornou o carro; você se tornou o veículo. É aquilo que Gurdjieff chamou de "identificação". É aquilo que, na Índia, os yogues chamavam de *tadatmya*, tornar-se um com algo que você não é.

Quando dizemos que a mente pára, significa que a identificação é quebrada. Agora você sabe que uma coisa é a mente e outra coisa é o "eu sou". A ponte está quebrada. Agora a mente não é mais o mestre. Ela se tornou apenas um instrumento; foi colocada em seu devido lugar. Assim, sempre que precisar, você pode usá-la.

A mente não cessa, as células cerebrais não vão parar só por perceber isso. Ao contrário, elas ficarão mais vivas, porque haverá menos conflito, mais energia. Elas ficarão mais frescas. E você poderá usá-las mais corretamente, com mais precisão, mas não estará mais sobrecarregado por elas, e elas não mais forçarão você a fazer o que quer que seja. Não vão mais jogar você para lá e para cá. Você será o mestre.

    Mas como isso acontece só porque você percebeu? Porque a escravidão ocorre por não perceber. A escravidão ocorre porque você não está alerta, de modo que desaparecerá quando você estiver alerta. A escravidão é apenas inconsciência. Nada mais é necessário: apenas ficar cada vez mais alerta, não importa o que você faça.

※

O que quer que você faça, tome o cuidado de não fazê-lo despercebidamente. Observe cada ato, cada pensamento, cada sentimento. Observe e mexa-se. Cada momento é muito precioso — não o desperdice no adormecimento. E, se você usar cada momento como uma oportunidade de ficar mais consciente, a consciência vai crescer pouco a pouco. Um dia você vai descobrir, de repente, que a luz está brilhando dentro de você. Se se dedicar com afinco, um dia, de repente, você vai acordar de manhã como um homem totalmente novo — seco, desapegado; amoroso, mas de modo nenhum envolvido; ainda no mundo e, apesar disso, um observador no alto da montanha. Esse é o paradoxo que deve ser resolvido: permanecer no mundo e, apesar disso, observá-lo do alto da montanha; estar no mundo e não ser do mundo, ao mesmo tempo, simultaneamente.

    É assim que os metais inferiores são transformados em ouro. Com a inconsciência, você é um metal inferior; com a consciência, você se transforma em ouro, você é transmutado. Tudo que é preciso é o fogo da consciência. Mais nada, está tudo lá. Com o fogo da consciência, dá-se um novo arranjo.

VIII. Coragem

O crescimento certamente depende de uma só coisa: da coragem. Essa é a qualidade religiosa mais fundamental. Todo o resto é secundário e pode ser deixado para depois; mas a coragem é a coisa mais fundamental, é a primeira coisa.

Você é uma semente. A semente tem quatro possibilidades. Ela pode continuar semente para sempre, fechada, sem janelas, sem comunhão com a existência, morta — porque vida significa comunhão com a existência. E a semente *está* morta, ela ainda não se comunicou com a terra, com o céu, com o ar, com o vento, com o sol, com as estrelas. Ela ainda não fez nenhuma tentativa de dialogar com tudo o que existe. Está completamente só, fechada, encapsulada em si mesma, cercada por uma muralha da China. A semente vive em seu próprio túmulo.

A primeira possibilidade é que a semente continue semente. Isso é muito triste — que um homem continue sendo uma simples semente. Com todo o potencial à sua disposição, com todas as bênçãos prontas para serem derramadas sobre você, você pode nunca abrir as suas portas.

A segunda possibilidade é que a semente seja corajosa o bastante, penetre fundo no solo, morra como ego, retire a armadura, inicie uma comunhão com a existência, torne-se una com a terra. É preciso uma grande coragem, pois, afinal, quem sabe? Talvez essa morte seja definitiva; talvez não exista nascimento nenhum depois dela. Qual é a garantia? Não há garantia; é uma aposta. Apenas uns poucos homens reúnem coragem suficiente para apostar, para arriscar.

Ser um buscador é o início da aposta. Você arrisca a sua vida, você arrisca o seu ego. Você arrisca porque joga fora todas as suas seguranças, todas as suas proteções. Você está abrindo as janelas... quem sabe o que vai entrar, se o amigo ou o inimigo? Quem sabe? Você se torna vulnerável. É nisso que se resume a busca. É o que Buda ensinou durante a vida inteira. Quarenta e dois anos, ininterruptamente, transformando sementes em plantas — esse era o seu trabalho: transformar seres humanos comuns em buscadores.

Um buscador é uma planta, um broto — tenro, delicado. A semente nunca está em perigo, lembre-se. Que perigo pode existir para a semente? Ela está absolutamente protegida. Mas a planta está sempre em perigo, a planta é muito delicada. A semente é como uma pedra, rígida, escondida sob uma dura crosta. Mas a planta precisa passar por mil e um infortúnios. É o segundo estágio: a semente se dissolvendo no solo, o homem desaparecendo como ego, desaparecendo como personalidade, tornando-se planta.

A terceira possibilidade é ainda mais rara, porque nem todas as plantas atingem a altura mínima para dar flores, mil e uma flores... Bem poucos seres humanos atingem o segundo estágio, e bem poucos dos que atingem o segundo estágio conseguem alcançar o terceiro, que é o estágio da flor. Por que não conseguem alcançar o terceiro estágio, o estágio da flor? Porque, devido à ganância, devido à avareza, não estão preparados para compartilhar... por causa de um estado de ausência de amor.

É preciso coragem para tornar-se planta, e é preciso amor para tornar-se flor. Uma flor significa que a árvore está abrindo o seu coração, liberando o seu perfume, dando a sua alma, semeando o seu ser na existência. A semente pode tornar-se planta mesmo que seja difícil retirar a armadura — mas, de certo modo, é fácil. A semente só recebe cada vez mais, acumula cada vez mais; a semente apenas retira do solo. A árvore apenas retira da água, do ar, do sol; sua ganância não se perturba, ao contrário — sua ambição se realiza: ela vai ficando cada vez maior. Mas chega um momento em que você retirou tanto que precisa compartilhar. Você, que foi tão favorecido, agora precisa servir. Deus lhe deu tanto, e agora você precisa agradecer, dar graças — e a única maneira de agradecer é espalhar seus tesouros, devolvê-los à existência, ser tão generoso quanto a existência foi com você. Então a árvore se desenvolve em flores, desabrocha.

O quarto estágio é o da fragrância. A flor ainda é grosseira, ainda é material; mas a fragrância é sutil, é algo quase imaterial. Você não pode vê-la, é invisível. Você só pode senti-la; não pode tocá-la, não pode pegá-la. É preciso ter uma compreensão muito sensível para dialogar com a fragrância. E além da fragrância não existe nada. A fragrância desaparece no Universo, torna-se una com ele.

Esses são os quatro estágios da semente, e os quatro estágios do homem também. Não continue sendo semente. Reúna coragem — coragem de renunciar ao ego, coragem de renunciar às seguranças, coragem de renunciar às proteções, coragem de ser vulnerável. Mas não permaneça árvore, porque uma árvore sem flores é pobre. Uma árvore sem flores é vazia, carente de uma coisa muito essencial. Ela não tem beleza — sem amor não há beleza. E é só por meio das flores que a árvore demonstra o seu amor. Tanto ela retirou do sol e da lua e da terra... agora é hora de devolver!

IX. Solitude

Existem algumas coisas que só se pode fazer sozinho. Amor, prece, vida, morte, experiências estéticas, momentos de alegria – tudo isso vem quando você está só.

Ninguém quer ficar só. O maior medo que há no mundo é o de ser deixado sozinho. As pessoas fazem mil e uma coisas só para não serem deixadas sozinhas. Você perde a sua individualidade, a sua singularidade, torna-se um mero imitador, porque, se não for imitador, será deixado sozinho.

Você se torna parte da multidão, de uma igreja, de uma organização. De algum modo você quer ser absorvido pela multidão na qual você se sente à vontade, na qual você sente que não está só e que existem tantas pessoas como você — tantos maometanos como você, tantos hindus como você, tantos cristãos, milhões deles... você não está só.

Estar só é, na verdade, o maior dos milagres. Significa que agora você não pertence a nenhuma igreja, nenhuma organização, nenhuma teologia, nenhuma ideologia — socialista, comunista, fascista, hindu, cristã, jainista, budista; você não pertence, você simplesmente é. E aprendeu a amar a sua realidade indefinível, inefável. Descobriu como estar consigo mesmo.

Tente compreender isso: você nasce sozinho; você morre sozinho. São os dois momentos mais importantes da vida: nascimento e morte. Você nasce sozinho; você morre sozinho. Os momentos mais importantes da vida — o começo e o fim — acontecem na solidão. Quando medita, você volta a ficar sozinho. É por isso que a meditação é as duas coisas — morte e nascimento. Você morre para o passado e nasce para o novo, para o desconhecido.

Mesmo no amor, quando você pensa que está junto de alguém, na verdade você não está. Há dois tipos de solidão. No amor real, nada se perde. Quando dois amantes estão lado a lado — se eles são amantes de verdade, e não tentam possuir nem dominar um ao outro, porque isso não é amor; é o caminho do ódio, o caminho da violência —, se eles amam e o amor nasce da sua solidão, vêem-se duas belas solidões juntas. São como dois picos do Himalaia, no alto do céu, mas separados. Não interferem. O amor profundo, na verdade, apenas revela a sua pura solidão para você.

Tudo o que há de verdadeiro e real sempre conduz você à solidão. Amor, prece, vida, morte, experiências estéticas, momentos de alegria — tudo isso vem quando você está só. Quando você ama, você pensa que está com alguém. Talvez esse alguém esteja apenas refletindo a sua solidão, talvez esse alguém seja apenas um espelho no qual a sua solidão se reflete. Mas, quanto mais se aprofundar no amor, mais profundamente você vai saber que nem mesmo o seu amante pode entrar lá. A sua solidão é absoluta — e é bom que seja assim; do contrário, você seria uma coisa pública. Nesse caso, você não teria nenhum cerne íntimo quando ficasse sozinho. Você poderia ser violado. Mas a sua solidão é absoluta, inviolável.

X. Mudança

A entrada do novo é a única coisa capaz de transformar você; não há outro meio de transformação. Se você deixar que o novo entre, você nunca mais será o mesmo.

O novo não nasce de você, ele vem do além. Não faz parte de você. O novo é descontínuo em relação a você, e daí o medo. Todo o seu passado está em risco. Você viveu de determinada forma, pensou de determinada forma, construiu uma vida confortável a partir de suas crenças. Então algo novo bate à sua porta. Agora todo o seu padrão do passado se perturbou. Se deixar que o novo entre, você nunca mais será o mesmo; o novo o transformará.

É arriscado. Você nunca sabe aonde vai chegar com o novo. O velho é conhecido, familiar; você viveu com ele por muito tempo, acostumou-se com ele. O novo é estranho. Pode ser o amigo, pode ser o inimigo; quem sabe? E não há como saber. A única maneira de saber é deixar que aconteça; daí a apreensão, o medo.

E você também não pode continuar a rejeitá-lo, porque o velho ainda não lhe deu o que você procura. O velho era promissor, mas as promessas não se cumpriram. O velho é familiar, mas miserável. O novo talvez seja incômodo, mas há uma possibilidade — ele talvez lhe traga uma bênção. Portanto, você não pode rejeitá-lo, e não pode aceitá-lo; e por isso vacila, treme, e uma grande angústia nasce em seu ser. É natural; é assim que sempre foi, é assim que sempre será.

Tente compreender o surgimento do novo. Todo mundo quer ser novo, porque ninguém está satisfeito com o velho. Ninguém nunca consegue se satisfazer com o velho, pois, o que quer que ele seja, já é conhecido. Uma vez conhecido, ele se tornou repetitivo, chato, monótono. Você quer se livrar dele. Você quer explorar, quer aventura. Você quer ser novo, e, mesmo assim, quando o novo bate à sua porta, você recua, foge e se esconde no velho. Esse é o dilema.

Como nos tornamos novos? — e todos querem ser novos. É preciso coragem, e não uma coragem comum; é preciso uma coragem extraordinária. E o mundo está cheio de covardes; por isso as pessoas pararam de crescer. Como se pode crescer sendo covarde? A cada nova oportunidade você recua, fecha os olhos. Como você pode crescer? Como você pode ser? Você apenas finge ser.

Como nos tornamos novos? Não nos tornamos novos a partir de nós mesmos. A novidade vem do além. A novidade vem da existência. A mente é sempre velha. Ela nunca é nova, é a acumulação do passado. A novidade vem do além; é um dom. Ela vem do além e é do além.

O desconhecido e o incognoscível, o além, entram em você. Entram porque você nunca está fechado e separado; você não é uma ilha. Você pode ter esquecido o além, mas o além não esqueceu você. O filho pode esquecer a mãe, mas a mãe não esquece o filho. A parte pode começar a pensar: "estou separada" — mas o todo sabe que você não está separado. O todo entra em você. Ele ainda está em contato com você. É por isso que o novo continua vindo, mesmo que você não o acolha. Ele vem toda manhã, toda tarde. Ele vem de mil e uma formas. Se você tiver olhos para ver, então o verá continuamente vindo até você.

E só o novo, profunda e totalmente aceito, é capaz de transformá-lo. Você não pode trazer o novo para a sua vida; ele vem. Você pode aceitá-lo ou rejeitá-lo. Se o rejeita, você continua sendo uma pedra, fechada e morta. Se o acolhe, você se torna uma flor, começa a abrir-se... e nessa abertura está a celebração.

O novo é um mensageiro, uma mensagem. É um evangelho. Ouça o novo, siga o novo. Eu sei que você tem medo. Apesar do medo, siga o novo, e a sua vida ficará cada vez mais rica, e você será capaz, um dia, de libertar o esplendor que está aprisionado.

No momento em que uma coisa se torna repetição, você começa a se comportar como um robô. E tudo está fadado a se tornar repetição, a menos que a sua inteligência, a sua capacidade de meditação, o seu amor sejam tão grandes que continuem a transformar você e a pessoa que você ama; assim, cada vez que você olha nos olhos da pessoa que você ama, é diferente, é algo novo — novas flores desabrocharam, a estação do ano mudou.

A menos que se continue mudando, até o amor se transforma em inferno; do contrário, todas as pessoas, no mundo inteiro, amariam, mas todas vivem no seu próprio inferno — infernos particulares, exatamente como banheiros privativos. Para viver uma vida que nunca se torne uma miséria, que nunca se torne um inferno, é preciso ser tenro a cada momento, sem o fardo do passado, sempre tentando encontrar novas dimensões para se relacionar com as pessoas, novas maneiras de se relacionar, novas canções para cantar. É preciso fixar um objetivo, um objetivo básico: não viver como máquina, porque a máquina não tem vida — ela tem eficiência. O mundo precisa que você seja uma máquina, porque o mundo precisa de eficiência.

Mas o seu próprio ser precisa que você seja absolutamente não-mecânico, imprevisível — precisa encontrá-lo novo a cada manhã.

XI. Ruptura

Na nossa língua temos duas palavras, muito bonitas, de grande importância: uma é "derrocada", a outra é "ruptura". A derrocada se dá quando você não conhece nenhuma meditação e sua lógica se torna irrelevante. Então há uma ruptura: você entra num novo mundo, numa nova visão, numa nova perspectiva.

Se a sua cabeça caminha para uma derrocada, não se preocupe. Aproveite a oportunidade de um estado de desestruturação. Nesse momento, não se preocupe por achar que está ficando louco; fuja para dentro do coração.

Um dia, no futuro, quando a psicologia amadurecer de verdade, sempre que alguém ficar louco, será ajudado a ir para o coração — porque é o momento em que uma oportunidade se abre. A derrocada pode se transformar numa ruptura. A velha estrutura deixou de existir; agora ele não está mais nas garras da razão, está livre por um momento. A psicologia moderna tenta ajustá-lo de volta à velha estrutura. Todos os esforços modernos são de ajuste: como torná-lo normal outra vez. A verdadeira psicologia fará algo mais. Aproveitará essa oportunidade, porque a mente velha desapareceu, ficou uma lacuna. Aproveitará esse intervalo e o conduzirá a uma outra mente — ou seja, ao coração. Ela o conduzirá a um outro centro do ser.

Quando você dirige um carro, você troca de marcha. Sempre que você troca de marcha, há um momento em que o câmbio passa pelo ponto morto; ele precisa fazer isso. O ponto morto significa ausência de marcha. Entre uma marcha e outra, há um momento em que não há marcha. Quando a mente falha, você está num estado neutro. Nesse exato momento, é como se você tivesse acabado de nascer outra vez. Use essa oportunidade e faça que a energia saia da velha e apodrecida estrutura, que está desabando. Saia da ruína. Vá para o coração. Esqueça a razão e deixe que o amor seja o seu centro, o seu alvo. Toda derrocada pode vir a ser uma ruptura, e toda possibilidade de fracasso da mente pode vir a ser um sucesso para o coração — o fracasso da mente pode vir a ser um sucesso para o coração.

❀

Existem camadas de energia. A primeira camada é bem pequena. É apenas para uso cotidiano — levantar-se pela manhã, tomar café, tomar banho, ir para o escritório, trabalhar, voltar para casa, esse tipo de atividade. É uma camada bem pequena.

Quando você começa a meditar, a energia é retirada da primeira camada, e essa é uma nova atividade. A velha atividade continua, e a nova energia ainda não está disponível. Se você continuar se entretendo ali, chegará um ponto em que você vai se sentir totalmente exausto, de verdade. Só então, nesse completo esgotamento, haverá uma ruptura e a energia da segunda camada começará a fluir em você. A partir daí, você nunca mais vai ficar cansado. Vai sentir, ao contrário, que tem mais energia do que é capaz de usar; você terá encontrado uma fonte mais profunda de energia. É a segunda fonte — ela é enorme.

Isso acontece nas situações, nas situações comuns também: você está cansado — chegou do escritório totalmente cansado — e quer ir dormir. De repente, sua casa está pegando fogo, e todo o seu cansaço desaparece. A segunda camada é a camada de emergência. Quando há realmente uma situação que envolve vida ou morte, ela fica disponível. Você fica cheio de energia — sem sono, sem nada, sem cansaço. Você atinge essa camada devagar, bem devagar.

Depois há uma terceira camada, que não é de modo algum humana. A primeira é individual, a segunda é coletiva, a terceira é cósmica.

Pouquíssimas pessoas atingem a terceira. Atingir a terceira camada é ser iluminado.

XII. Nova Visão

Espiritualidade não é praticar nenhuma virtude; espiritualidade é adquirir uma nova visão. A virtude se segue a essa visão; ela vem espontaneamente. É um subproduto natural. Quando você começa a ver, as coisas começam a mudar.

Este é um início
O início de uma nova vida
O início de uma nova visão
O início de um novo modo de ser.
Você terá de renunciar a muitas coisas,
Terá de se desligar de tudo o que já se foi,
Do passado.
Não o carregue mais.
É um peso desnecessário
Impede o crescimento, paralisa.
Aos poucos ele se transforma numa montanha
E nós ficamos presos sob a montanha.
Temos de ser capazes de morrer para o passado
A cada instante, para que ele nunca se acumule.
Esse é o caminho do buscador —
Morrer para o passado a cada instante
De modo a ser sempre jovem e tenro e vivo
De modo a estar sempre presente no presente.
Estar presente no presente
É estar presente diante de Deus.

Quando vem a mim, você está no túmulo.
Quando vem a mim, você é Lázaro morto.

Quando começa a renunciar à sua morte
Quando começa a renunciar ao seu ego
Que é a causa da sua morte
Você começa a alcançar uma nova visão da vida
Um novo estilo de vida.
Você ressuscitou.
Mas é preciso ter um coração humilde,
Que não seja egoísta
Que esteja disposto a se entregar
Que possa dizer para Deus:
"Seja feita a vossa vontade."

Deus não é uma pessoa
Que você vai encontrar ou conhecer um dia.
Deus é uma experiência —
A experiência da sua dissolução
Do desaparecimento do seu ego.
E quando o seu ego não existe mais
O que resta?
Apenas a vastidão pura, o vazio infinito
Mas esse nada não é negativo
Esse nada é uma nova forma de plenitude.
É nada do ponto de vista do ego
É plenitude do ponto de vista do todo.
É nada segundo a antiga visão
Mas é um novo nascimento, e uma nova visão nasceu
Ela é transbordante
Transbordante de poder.
De um poder eterno
Um poder sem começo nem fim.

❋

A mente é confusão. Pensamentos e mais pensamentos — milhares de pensamentos bradando, colidindo, lutando uns com os outros, lutando pela sua atenção. Milhares de pensamentos puxando você para milhares de direções. É um milagre você continuar inteiro. De algum modo você administra essa integridade — é só uma forma, uma fachada. Por trás dela, no fundo, há uma multidão aos brados, uma guerra civil, uma contínua guerra civil. Pensamentos lutando uns com os outros, querendo que você os satisfaça. O que você chama de mente é uma grande confusão.

Mas, se você tem consciência de que a mente é confusão, e não se identifica com ela, não cai nunca. Você se torna uma pessoa à prova de queda! A mente fica impotente. E, como você está sempre observando, as suas energias vão se retirando aos poucos da mente; ela deixa de ser alimentada.

Então, depois que a mente morre, você nasce como não-mente. Esse nascimento é a iluminação. Esse nascimento conduz você, pela primeira vez, à terra da paz, ao paraíso do lótus. Ele o conduz ao mundo da bem-aventurança, da graça. De outro modo, você continuaria no inferno. Neste exato momento, você está no inferno. Mas se resolver, se decidir, se escolher a consciência, agora mesmo você pode escapar, dar um salto do inferno para o céu.

XIII. Transformação

A arte de transformar o sofrimento, a dor, o mal em algo bom é a arte de ver a necessidade do oposto... A transformação só é possível por meio dessa aceitação.

A arte de transformar o sofrimento, a dor, o mal em algo bom é a arte de ver a necessidade do oposto. A luz só pode existir quando há trevas. Logo, por que odiar as trevas? Sem as trevas não há luz, de modo que aqueles que amam a luz e odeiam as trevas estão num dilema; não sabem o que fazem.

A vida não pode existir sem a morte. Logo, por que odiar a morte? Pois é a morte que cria o espaço para a vida existir. A grande percepção de que a morte é o contraste, o pano de fundo, o quadro-negro no qual a vida é escrita com giz branco é muito importante. A morte é a escuridão da noite, na qual a vida começa a cintilar como as estrelas. Se você destrói a escuridão da noite, as estrelas desaparecem. É o que acontece durante o dia. As estrelas ainda estão lá — pensa que elas desapareceram? Ainda estão lá, mas, como há luz em excesso, você não pode vê-las. Elas só podem ser vistas por contraste.

O santo só é possível por causa do pecador. Por isso Buda recomenda que não odiemos o pecador; ele torna possível a existência do santo. São duas faces da mesma moeda.

Ao perceber isso, você não se apega ao bem nem se desapega do mal. Você aceita ambos, como partes, frações da vida. Nessa aceitação, você pode transformar as coisas. A transformação só é possível por meio dessa aceitação.

E, antes de poder transformar o sofrimento, você deve observá-lo; esse é o terceiro ponto. Primeiro: não resista ao mal. Segundo: saiba que os opostos não são opostos, mas complementares, inevitavelmente ligados, de modo que não há escolha — permaneça sem escolher. E o terceiro: observe, porque, observando o seu sofrimento, você é capaz de absorvê-lo. Se você se identifica com ele, não consegue absorvê-lo.

No momento em que se identifica com o sofrimento, você quer descartá-lo, quer livrar-se dele, de tão doloroso. Mas, se você o observa, o sofrimento perde todos os espinhos, todos os ferrões. Então há sofrimento, e você é o observador dele. Você é apenas um espelho; o sofrimento não tem nada a ver com você. A felicidade vem e vai, a infelicidade vem e vai; é um espetáculo contínuo; você apenas está ali, um espelho a refletir. A vida vem e vai, a morte vem e vai; nenhuma das duas tem efeito sobre o espelho. O espelho reflete, mas permanece inalterado; não é marcado por nenhuma das duas.

Uma grande distância surge quando você observa. E é só por meio dessa observação que você se torna capaz de transformar o metal vulgar em ouro. É só com essa observação que você se torna um cientista do mundo interior, um observador desinteressado. Agora você sabe que os opostos não são opostos, de modo que podem ser transformados um no outro. Assim não é mais uma questão de destruir o mal no mundo, mas de transformar o mal em algo benéfico; de transformar veneno em néctar.

❧

É sempre importante perguntar: "Sou feliz da maneira como estou vivendo?" Se você não é, é preciso arriscar. É preciso experimentar novos caminhos, novos estilos de vida, uma nova busca. Uma coisa é certa: você não tem nada a perder. Não encontrou felicidade no seu antigo estilo de vida. Se tivesse encontrado, não haveria necessidade do novo. O velho perdeu o sentido, isso é certo. O novo pode vir a se mostrar cheio de sentido, ou vazio de sentido. Mas pelo menos no novo há a possibilidade de fazer sentido. O velho já foi submetido ao teste. Você o viu, compreendeu e viveu sem receber nada. É como se alguém tentasse extrair óleo da areia. Até quando você vai arruinar o seu cérebro tentando fazer isso?

Eu não digo que o novo lhe trará definitivamente a felicidade, porque a felicidade depende menos do caminho que do viajante, daquele que o percorre. Por isso, a verdadeira mudança não é no caminho, é no viajante. Mas mudar de caminho já é um começo. Você é externo, de modo que a transformação também deve começar do exterior. Se você reunir coragem para mudar o externo, isso vai fortalecer a sua coragem de mudar o interno. E, se algumas gotas de felicidade começarem a cair sobre você, então a busca pelo novo terá início, com alegria e vivacidade.

XIV. Integração

No seu verdadeiro centro, você é integrado; do contrário, não poderia existir de modo algum. Como você poderia existir sem um centro?

A integração não tem nada a ver com tornar-se algo. Na verdade, todo esforço para tornar-se algo traz desintegração.

A integração já está ali, no mais profundo cerne do seu ser; não precisa ser adquirida. No seu verdadeiro centro, você é integrado; do contrário, não poderia existir de modo algum. Como você poderia existir sem um centro? O carro de boi se move, a roda se move porque existe um centro imóvel em torno do qual a roda se move. Ela se move em torno do eixo. Se o carro está em movimento, é porque o eixo está ali. Você pode saber disso, ou pode não saber.

Você está vivo, você respira, tem consciência; a vida é movimento, e, portanto, deve haver um eixo da roda da vida. Você pode não saber, mas ele está lá. Sem ele, você não poderia existir.

Portanto, a primeira coisa, e a mais fundamental: tornar-se algo não é a questão. Você é. Você só precisa entrar e ver. É uma descoberta, não uma aquisição. Você pensou assim durante todo esse tempo. Mas se apegou demais à periferia, e deu as costas ao centro. Voltou-se excessivamente para fora, e agora não consegue olhar para dentro.

Crie uma visão interior. A expressão "visão interior" é bonita — significa voltar a visão para dentro, olhar para dentro, ver dentro. Olhos abertos para fora, mãos estendidas para fora, pernas esticadas. Sente-se em silêncio, relaxe a periferia, feche os olhos e apenas entre... e não faça esforço. Apenas relaxe — como se estivesse afundando e não fosse possível fazer nada. Nós continuamos fazendo, mesmo quando afundamos.

Se você for capaz de simplesmente deixar que aconteça, ele virá à superfície. Você verá, das nuvens, o centro emergindo.

Há uma meditação muito antiga, ainda praticada em alguns mosteiros do Tibete, que se baseia na verdade que estou contando a você. Eles ensinam que algumas vezes você pode simplesmente desaparecer. Sentado no jardim, você começa a sentir que está desaparecendo. Apenas veja qual a aparência do mundo quando você sai do mundo, quando você não está mais aqui, quando você fica absolutamente transparente. Apenas tente, só por um segundo, não ser. Em sua própria casa, seja como se você não fosse.

É uma meditação realmente bonita. Você pode experimentá-la várias vezes em 24 horas. Só meio segundo já é suficiente; por meio segundo, simplesmente pare... você não é... e o mundo continua. Quando atenta cada vez mais para o fato de que sem você o mundo prossegue perfeitamente bem, você consegue tomar conhecimento de uma outra parte do seu ser que foi negligenciada durante muito tempo, durante vidas a fio — trata-se do modo receptivo. Você simplesmente deixa acontecer, você se transforma numa porta. As coisas continuam acontecendo sem você.

Primeiro atinja o modo receptivo, primeiro atinja o passivo, primeiro atinja o não-ativo. E então o seu ser interior vai florescer, e você vai conhecer sua integração interna — que está sempre ali, o centro está sempre ali.

Você já está integrado. Não na periferia — na periferia há tumulto demais. Na periferia você é fragmentado. Vá para dentro, e, quanto mais fundo você for, mais vai descobrir que é integrado. Chega um ponto, no mais íntimo santuário do seu ser, em que você descobre subitamente que você é uma unidade, uma unidade absoluta.

XV. Condicionamento

O que você aprendeu com os outros não é você. É a sua persona, e você precisa reencontrar a sua inocência. Precisa encontrar a sua essência antes que as pessoas comecem a pôr camadas sobre você, antes que as pessoas comecem a civilizá-lo.

Uma antiga parábola do Oriente fala de uma leoa que, saltando de um outeiro para outro, deu à luz, no meio do salto. O filhote caiu no caminho, no meio de um rebanho de ovelhas. As ovelhas alimentaram o filhote, sem saber que era um leão — um inimigo. E o filhote nunca ficou sabendo que era um leão, porque todos à sua volta eram ovelhas. Assim, ele andava junto com o rebanho, como se fosse uma ovelha.

As ovelhas nunca estão sozinhas; elas andam em rebanho, quase pisando umas sobre as outras, raspando o corpo nas outras. Têm medo de estar sozinhas; é perigoso, qualquer animal selvagem pode caçá-las — elas precisam estar juntas.

Os leões andam sozinhos, nunca em bando.

Os leões têm um território muito grande. Não querem que ninguém entre em seu território. Às vezes uma área de milhas e milhas é território de um só leão. Nenhum outro leão pode sequer tentar entrar; do contrário, haverá uma luta furiosa até que um morra, ou talvez ambos. E eles andam sozinhos.

Mas esse pobre leão não fazia idéia de que era leão; não fazia idéia da própria aparência. Foi ficando cada vez maior, mas as ovelhas se acostumaram com ele; haviam cuidado dele desde que nascera. Embora fosse uma ovelha estranha, ele era uma ovelha, pois precisava comer pasto, que os leões não comem. Preferem morrer a comer pasto.

Ele se acostumou a pastar — e continuou vegetariano. Acostumou-se a entrar no rebanho, bem no meio, para estar seguro, embora fosse mais alto, maior, mas sem fazer idéia disso. E nunca, nem uma vez sequer, rugiu como leão, pois como você pode rugir sem ter idéia de como é? Ele sonhava como ovelha, temia como ovelha, tinha medo de animais selvagens incapazes de lhe fazer qualquer mal.

Um dia, um leão velho viu a cena. Não acreditava no que via! O leão jovem estava tão grande, e ele nunca vira um leão misturado às ovelhas; nunca houvera qualquer amizade; era impossível. As ovelhas iam junto com o leão sem medo algum, e o leão também ia junto com as ovelhas, com medo de estar sozinho.

O leão velho não acreditava no que via. Correu atrás do rebanho. Todas as ovelhas, naturalmente, saíram correndo e começaram a fazer o som que as ovelhas fazem. E o leão jovem também fazia o mesmo som. Foi preciso muito esforço; só com grande dificuldade o leão velho conseguiu agarrar o leão jovem. E o leão jovem berrava e chorava, exatamente como uma ovelha.

O leão velho arrastou o jovem companheiro até uma lagoa próxima. O leão jovem estava com muito medo; não queria ir, relutou muito. E era mais forte que o velho. Se o jovem soubesse que era um leão, o velho não teria conseguido puxá-lo até a lagoa; o jovem o teria matado. Mas ele era uma ovelha, de modo que deixou que o velho o arrastasse — embora relutante, contra a vontade, resistindo, sabendo que era morte certa, pois muitas ovelhas já haviam sido mortas por leões. Agora chegara a vez dele.

Mas, na lagoa, um milagre aconteceu — o velho disse ao jovem: "Filho, olhe para a lagoa", onde estava o reflexo de ambos. E houve uma repentina transformação, porque a ovelha não era real; era apenas uma idéia falsa implantada pela sociedade em que o leão crescera. Era a personalidade, mas não a individualidade. Era o ego, mas não o eu real. Era apenas uma máscara, mas não o rosto original.

Pela primeira vez, ele viu os dois rostos; e houve um súbito rugido. Das profundezas do seu ser veio um grande rugido, que estremeceu as colinas em torno.

O leão velho disse: "Terminei o meu trabalho. Tudo o que eu podia fazer eu fiz — agora é com você. Agora você sabe quem é."

❉

A personalidade é aquilo que lhe é dado pela sociedade, pela cultura, pela civilização, pela educação; em outras palavras, pelos outros — as pessoas dão suas opiniões sobre você, e você coleciona essas opiniões. Essas opiniões criam a sua personalidade.

Você já deve ter observado crianças bem pequenas, com personalidades ainda não desenvolvidas. Leva um tempo; durante pelo menos três a quatro anos, a criança é mais indivíduo do que talvez jamais volte a ser. É autêntica, sincera. Não toma o menor conhecimento da opinião dos outros.

É por causa disso que você, ao recordar o seu passado, só consegue recuar até certo ponto — e esse ponto será na idade de 4 ou 3 anos, no mínimo 3. Antes disso, há um espaço completamente em branco. Você estava aqui durante esses três anos, mas não se lembra de nada. Você passou nove meses no ventre de sua mãe — e não se lembra de absolutamente nada.

A razão pela qual você não consegue, hoje, lembrar-se desses três anos é que você não tinha personalidade. É a personalidade que acumula opiniões dos outros e cria uma falsa identidade, uma certa idéia de "quem sou eu". Você não sabe exatamente quem é, porque, para saber, você precisa mergulhar fundo dentro de si mesmo, atravessando todo o lixo acumulado em nome da personalidade. Você precisa voltar a ser criança.

O que você sabe sobre si mesmo é a sua personalidade. Sabe que tem um nome — mas tem consciência de que veio ao mundo sem nome? Você recebeu certa educação, tem uma qualificação — mas sabe que não nasceu médico, nem engenheiro, nem professor. São coisas acrescentadas a você. Seus títulos, seu nome, sua fama... todas essas coisas foram acrescentadas a você.

Mas é isso que você é. Pensando em você, se todas essas coisas lhe forem retiradas, o que você vai ser? Apenas um zero... Uma lousa em branco, com toda a escrita apagada.

Sua personalidade é tudo o que você sabe sobre si mesmo — estou colocando de maneira absolutamente simples, para que você fique atento —, e a sua individualidade é aquilo que você não sabe mas você é.

A meditação é um esforço para livrar-se da personalidade e alcançar as fontes vivas da vida, a sua individualidade, a sua chama, que você trouxe do ventre materno — e que você tinha antes do nascimento, antes mesmo de entrar no ventre materno. Você tem a sua individualidade desde a eternidade. É a sua consciência essencial, coberta de tantas camadas, de tantas vidas que se perdeu completamente, e você esqueceu como recuperá-la.

Portanto, lembre-se: o que você aprendeu com os outros não é você. É a sua *persona*, e você precisa encontrar a sua inocência novamente. Precisa encontrar a sua essência antes que as pessoas comecem a pôr camadas sobre você, antes que as pessoas comecem a civilizá-lo, torná-lo mais culto, mais educado.

E não há outra maneira, além da meditação, de descobrir a sua individualidade.

XVI. Relâmpago

O homem esquece muitas coisas intencionalmente. Tenta não lembrar, porque lembrar pode destruir o seu ego e reduzi-lo a ruínas. Mas, nesta vida, o homem só consegue aquilo de que ele aceita abrir mão e deixar para trás.

Se um pequeno vislumbre da verdade chegar até você, vai deixá-lo transtornado, sem entender.

Você já percebeu? Às vezes alguma coisa o acorda de repente, quando você está em sono profundo. Às cinco horas da manhã, você está dormindo como uma pedra, na hora do sono mais profundo, e de repente alguma coisa o desperta. Algum ruído, algum fogo de artifício estoura na rua, um carro se espatifa na sua porta — algum ruído que imediatamente o acorda. Instantaneamente! Você dá um salto direto do sono para a vigília. Você dispara, como uma flecha, das profundezas do sono. Em geral, quando saímos do sono profundo, saímos muito devagar. Primeiro vai embora o sono profundo, depois os sonhos começam a oscilar gradualmente, depois ficamos nos sonhos por certo tempo.

Mas, quando alguma coisa acontece de repente, você dispara, como uma flecha, direto das profundezas para a vigília. Seus olhos se abrem, e você se pergunta: "Onde estou?" "Quem sou eu?" Por um instante, nada está claro.

Isso já deve ter acontecido com você, uma vez ou outra — você se pergunta: "Quem sou eu?" Você não se lembra sequer do seu nome e endereço. "Onde estou?" Isso também fica obscuro. É como se você tivesse chegado, repentinamente, de um mundo estranho. Dura apenas um momento, e depois você volta a si, porque não é um choque muito grande. E também porque você está acostumado com isso — acontece todos os dias. Você se levanta toda manhã: retorna do mundo dos sonhos para o mundo da vigília. É uma velha rotina; mas, ainda assim, às vezes, quando ela é repentina, você fica alarmado e amedrontado.

Quando acontece o verdadeiro despertar, você perderá completamente a fala. Não terá a menor idéia do que está acontecendo. Tudo ficará calmo e silencioso.

Guarde o que estou lhe dizendo. Faça uma caixa adornada de jóias para guardá-lo. Não interprete como sabedoria, mas apenas como informação. Faça, conscientemente, uma caixa para guardá-lo. Depois, você vai descobrir gradualmente, conforme as experiências forem surgindo, que as minhas palavras emergem do seu inconsciente, e tornam essas experiências claras e compreensíveis.

❀

Tente, a título de experimento, simplesmente segurar o ar com a mão. Assim que você fecha os dedos, o ar escapa. Quanto mais você aperta o punho, menos ar você segura, até que, no fim, não resta ar nenhum. Abra os dedos, e o ar corre para a sua mão aberta. O ar sempre está na mão aberta, mas foge do punho fechado. Aquele que mantém a mão aberta a tem sempre cheia de ar; ela nunca está vazia, a cada instante o ar é renovado. Você já observou isso? A mão aberta nunca está vazia, e a mão fechada está sempre vazia; e, se resta um pouco de ar no punho fechado, é um ar gasto, velho, deteriorado. Só aqueles que renunciam são capazes de desfrutar.

Neste mundo, nesta vida, o homem só consegue aquilo de que ele aceita abrir mão e deixar para trás. É paradoxal — mas todas as regras da vida são paradoxais.

É pura estupidez apegar-se a qualquer coisa na vida. O grande erro é agarrar com força; quando se faz isso, perde-se o que seria conquistado. Ao dizer "é meu", o homem perde o que já era dele.

XVII. Silêncio

Quando você se volta para o interior, entra em contato com um novo tipo de silêncio — a própria presença do silêncio. Não é só uma ausência de ruído; é algo absolutamente positivo, quase visível, palpável.

Até mesmo o profundo silêncio de uma floresta não é nada em comparação com o silêncio interior. O externo, por mais intenso que seja, permanece raso, não tem profundidade. Pode-se entrar numa floresta, pode-se ir para as montanhas — existe certamente um silêncio, mas, na verdade, é um silêncio negativo. A cidade e seu ruído não estão lá, o ruído do trânsito não está lá. O avião passando, o trem, as pessoas, os cães latindo não estão lá. É ausência de ruído; portanto, não pode ser profundo.

Quando você se volta para o interior, entra em contato com um novo tipo de silêncio — a própria presença do silêncio. Não é só uma ausência de ruído; é algo absolutamente positivo, quase visível, tangível — e essa é a diferença. O silêncio exterior pode ser perturbado a qualquer momento, mas o silêncio interior não pode ser perturbado nunca. Nenhum ruído consegue penetrar. E, depois de experimentá-lo, você continua silencioso, mesmo na cidade. Torna-se uma propensão. Na superfície você pode estar envolvido em atividades, trabalhando; mas, lá no fundo, tudo é silencioso. Nada o perturba, nada o distrai; você fica enraizado no silêncio.

Há milhares de anos os monges, as freiras vêm abandonando o mundo em busca de silêncio. É claro que eles encontram certo silêncio na selva e nas florestas, nos mosteiros — mas é ausência de ruído, e não o verdadeiro silêncio.

O verdadeiro silêncio só pode ser encontrado quando você se volta para o interior. Ele está ali mesmo na sua própria interioridade. Portanto, tem profundidade e altura infinitas. É incomensurável. E conhecê-lo é conhecer tudo.

❂

São pouquíssimas as pessoas que amam o silêncio, embora existam muitas pessoas que dizem que gostariam de ficar em silêncio. Mas, no momento em que ficam em silêncio, não estão felizes; imediatamente começam a buscar alguma diversão, alguma distração, alguma ocupação. Têm medo de ficar em silêncio, e há uma razão para terem medo: quanto mais silencioso você fica, mais você desaparece.

Você é ruído porque você é a sua mente, você é ruído porque você é o seu ego. Quando a mente desaparece, ambos, a mente e o ego, começam a evaporar. E então há o silêncio. E então você está bem perto do seu verdadeiro centro, mas não tem consciência disso; e, portanto, não sabe para onde está indo. Parece que você caiu em profundezas abissais, um fenômeno insondável. O medo toma conta, e você começa a buscar alguma diversão, alguma ocupação — qualquer coisa a que se agarrar.

E são essas as pessoas que anseiam pela imortalidade — e não sabem o que fazer num dia de folga! Basta pensar: se realmente pudessem ser imortais, o que elas fariam? As pessoas falam de coisas bonitas, sem saber o que estão dizendo.

Mas, quando se ama o silêncio, ama-se a existência, e, portanto, ama-se a verdade. Ama-se a religião em sua mais pura essência, porque é só pelo silêncio que se descobrem as escrituras — as escrituras que estão ocultas dentro de você, os sermões que estão prestes a estourar dentro de você, a luz esperando pacientemente que você volte para casa, mas você está perambulando e tateando nas trevas. Em todo lugar há gente indo para o Everest, para a lua, para Marte; ninguém parece interessado em ir para o interior.

A meditação é a arte de voltar-se para o interior, e amar o silêncio é o objetivo da busca. A busca pode ser definida como um grande amor pelo silêncio.

XVIII. Vidas Passadas

Vem um sonho, seguido de outro sonho, seguido de outro sonho. O peregrino parte de um momento e entra no momento seguinte. Um depois do outro, os momentos vão desaparecendo, mas o peregrino continua seguindo em frente.

Tenho uma sugestão a fazer: não me pergunte se a teoria da reencarnação é verdadeira ou não. Para mim é verdadeira, para você não é — ainda não. Não tome posição nenhuma, negativa ou positiva. Apenas esteja aberto à hipótese. Explore-a. Se você consegue ir às suas vidas passadas, é uma prova suficiente de que todos nós temos um passado longo, muito longo. E isso traz uma outra percepção: se existem vidas passadas, significa que existirão vidas futuras; esta vida está simplesmente no meio. Entrar nas vidas futuras não é possível, é claro, porque o futuro ainda não aconteceu. Mas entrar no passado é absolutamente fácil, porque já aconteceu; a memória existe, o registro existe. Você apenas esqueceu o caminho da sala do arquivo onde ela está registrada.

Adote isso como hipótese. Para mim, tudo é hipótese. Se você puder acreditar em mim apenas em relação a isso — que você está pronto para explorar, investigar —, será o bastante.

Não tenho doutrinas para lhe ensinar, mas apenas métodos para que você descubra a verdade por si mesmo. Qualquer verdade que não tenha sido encontrada por você não é a verdade. A verdade só é a verdade quando *você* a encontra.

Quando você se deitar para dormir, à noite — quando o sono começar a invadir você e estiver prestes a vencê-lo —, volte a sua consciência para o último pensamento na sua mente, e em seguida durma; e, quando acordar de manhã, antes de sair da cama, olhe para trás e lembre qual foi o seu primeiro pensamento ao acordar. Você ficará bastante surpreso com o resultado. O último pensamento da noite se torna o primeiro pensamento da manhã. Da mesma forma, o último desejo na hora da morte se torna o primeiro desejo na hora do nascimento.

Na morte, o corpo se desintegra, mas a mente continua a sua jornada. O seu corpo pode ter cinqüenta anos, mas a sua mente pode ter cinco milhões de anos. A soma de todas as mentes nascidas em todos os seus nascimentos está em você, agora mesmo. Buda deu um nome bastante significativo a esse fato. Ele foi o primeiro a fazê-lo. Ele o chamou de "depósito de consciência". Como um depósito, a sua mente armazenou todas as lembranças de todos os seus nascimentos passados — de modo que a sua mente é muito antiga. E não é que ela seja o depósito apenas dos nascimentos humanos: se você já nasceu como animal, ou como planta, e certamente é o caso, as memórias de todos esses nascimentos estão também presentes em você.

As pessoas que investigaram a fundo o processo do depósito de consciência dizem que, se de repente um sentimento de amor se eleva na mente de um homem qualquer ao ver uma rosa, o motivo é que existe, no fundo dele, uma lembrança de si mesmo como uma rosa no passado, a qual reacende ao sentir uma ressonância na rosa. Não é acidental quando uma pessoa ama muito os cães. Há lembranças nesse depósito de consciência que a informam de sua grande afinidade com os cães. Nada do que acontece em nossa vida é acidental. Há um sutil processo de causa e efeito por trás desses acontecimentos.

"Quem sou eu?" — é uma pergunta muito importante; aliás, uma pergunta muito existencial. "Quem sou eu?" — é uma pergunta que envolve a totalidade da nossa existência, em toda a sua profundidade e altura. Essa pergunta me leva para onde eu estava antes de ter nascido pela primeira vez, para antes de todas as minhas vidas passadas. Essa pergunta pode me levar para onde eu estava, no início primevo. A profundidade dessa pergunta é infinita. E, por isso, a sua jornada é igualmente profunda.

XIX. Inocência

Se você quer conhecer realmente, você tem de abandonar todo o seu conhecimento; deve desaprendê-lo. Você deve voltar a ser ignorante, como uma criança pequena, de olhos surpresos, atenta.

O próprio Buda não era muito instruído; Jesus também não, nem Maomé. Eles eram pessoas inocentes, pessoas simples; mas de tal simplicidade, de tal inocência, de um caráter tão infantil que foram capazes de penetrar no mais íntimo cerne de si mesmos. Foram capazes de conhecer a própria verdade; foram capazes de chegar ao cerne da própria existência. Eles conheciam, mas não eram instruídos. Não conheciam pelas escrituras. Conheciam pela vigilância. Lembre-se da fonte: o verdadeiro conhecimento vem da meditação, da atenção, da consciência, do cuidado, da vigilância, da presença. E o falso conhecimento vem das escrituras. Você pode aprender o falso conhecimento com muita facilidade, e você pode se vangloriar disso, mas vai continuar sendo um bobo — um bobo erudito, mas mesmo assim um bobo.

Se você realmente quer conhecer, deve abandonar todo o seu conhecimento; deve desaprendê-lo. Você deve voltar a ser ignorante, como uma criança pequena, de olhos surpresos, atenta. Você será capaz de conhecer não apenas o seu próprio ser, mas também o ser que existe no mundo... o ser que existe nas árvores, nos pássaros, nos bichos, nas pedras, nas estrelas. Se você for capaz de conhecer a si mesmo, será capaz de conhecer tudo o que é.

A inocência é a sua verdadeira natureza. Você não precisa vir a ser, você já é. Você nasceu inocente. Camadas e mais camadas de condicionamento impuseram-se, mais tarde, à sua inocência. A sua inocência é como um espelho, e o condicionamento é como camadas de poeira. O espelho não precisa ser adquirido, ele já está lá — ou melhor, aqui. O espelho não foi perdido, apenas está oculto sob as camadas de poeira.

Você não precisa seguir um caminho para chegar à sua natureza, porque você não pode sair dela, não pode ir a nenhum outro lugar.

Mesmo que você queira, é impossível. É exatamente a definição de "natureza": "natureza" significa aquilo que não se pode abandonar, aquilo que não se pode rejeitar. Mas você pode esquecê-la. Você não pode perdê-la, mas pode esquecê-la.

E foi exatamente isso o que aconteceu. O espelho não foi perdido, mas esquecido — esquecido porque não funciona mais como espelho. Não que ele esteja com algum defeito; está apenas coberto por camadas de poeira. Só é preciso limpá-lo, remover essas camadas de poeira.

O processo de tornar-se inocente não é um verdadeiro processo de transformação; é um processo de descoberta do ser. É uma descoberta, não uma aquisição. Você não conquista nada de novo; simplesmente conquista o que você sempre foi. É uma linguagem esquecida.

Acontece com freqüência: você vê uma pessoa na rua, você a reconhece, o rosto dela lhe parece familiar. De repente, você também se lembra de que sabe o nome dela. "Está na ponta da língua", você diz; mas ainda não vem. O que acontece? Se está na ponta da língua, por que você não consegue dizer? Você sabe que sabe, mas ainda não consegue se lembrar. E, quanto mais você tenta, mais difícil fica, porque fazer esforço o deixa mais tenso e, quando fica tenso, você se distancia da sua natureza, você se distancia do que já está lá. Quando relaxa, você se aproxima; quando você está totalmente relaxado, ela emerge por si mesma.

Então você tenta arduamente, mas o nome não vem, e você se esquece completamente do assunto. E depois, deitado na banheira, ou então nadando na piscina, sem sequer tentar lembrar-se do nome daquela pessoa, subitamente ele vem à tona, como uma bolha. O que aconteceu? Você não estava tentando lembrar, mas estava relaxado. Ao relaxar, você se amplia; tenso, você fica mais estreito — quanto mais tenso, mais estreito. O corredor entre você e o que está dentro de você fica tão estreito que nada consegue passar por ele, nem mesmo um simples nome.

Todas as grandes descobertas científicas foram feitas dessa maneira bastante misteriosa — dessa maneira bem pouco científica, por assim dizer. Quando abandona o esforço, você relaxa, se tranqüiliza, se suaviza, se amplia, se abre. Estava lá dentro e emergiu. Ao notar que a mente não estava mais tensa, emergiu.

A inocência está lá, você apenas se esqueceu dela — você foi feito para esquecer-se dela. A sociedade é astuta. Durante séculos, o homem aprendeu que só consegue sobreviver nesta sociedade se for esperto; quanto mais esperto você for, mais sucesso terá. É nisso que se resume o jogo da política: seja esperto, seja mais esperto que os outros. Esta é uma luta, uma competição constante para ver quem é mais esperto. Quem for mais esperto vence, fica poderoso.

Depois de séculos de esperteza, o homem aprendeu uma coisa: continuar inocente é perigoso, assim não é possível sobreviver. Por isso os pais tentam tirar os filhos de sua inocência. Os professores, as escolas, as faculdades, as universidades existem simplesmente para a função de tornar você mais astuto, mais esperto. Embora chamem isso de "inteligência", não é inteligência.

Lembre-se: a inteligência não é oposta à inocência. A inteligência é o sabor da inocência, é a fragrância da inocência.

E a inocência não precisa ser adquirida, ela já está lá. Só precisa ser descoberta — ou redescoberta. Você tem de deixar para trás tudo o que aprendeu dos outros, e então se tornará imediatamente inocente.

Daí a minha hostilidade a todo conhecimento tomado de empréstimo. Não cite a Bíblia, não cite o Gita. Não se comporte como papagaio. Não continue vivendo simplesmente de informações emprestadas. Comece a procurar e a buscar sua própria inteligência.

É necessário um processo negativo; ela deve ser conquistada pela *via negativa*. É o caminho de Buda. Você deve negar tudo o que foi dado a você. Você deve dizer: "Isso não é meu; portanto, não tenho nenhum direito a isso. Pode ser verdade, pode não ser. Quem sabe? Alguns dizem que é; não posso concordar nem discordar, se não for experiência minha. Não vou acreditar nem duvidar. Não vou ser católico nem comunista, não vou ser hindu nem maometano. Simplesmente não vou seguir nenhuma ideologia." Afinal, não importa a quem você siga, estará sempre acumulando poeira em torno de si mesmo.

O meu trabalho não é ensinar coisa alguma a você, mas ajudá-lo a descobrir a si mesmo. Simplesmente jogue fora todo o conhecimento. Isso dói, porque você carrega esse conhecimento consigo há muito tempo, e sempre se vangloriou muito dele — seus títulos, mestrados, doutorados, honrarias, você se vangloria muito de tudo isso. E, de repente, eu digo a você: jogue todo esse absurdo fora.

Seja simplesmente como uma criança. Seja simplesmente criança de novo, tal como você nasceu, tal como Deus enviou você a este mundo. Nesse estado, semelhante a um espelho, você será capaz de refletir aquilo que você é. A inocência é a porta para o saber. O conhecimento é a barreira, e a inocência é a ponte.

XX. Além da Ilusão

ALÉM DA ILUSÃO

Sair das ilusões requer certo esforço, porque nós investimos muito nelas. São as nossas esperanças: é por meio delas que seguimos vivendo.

A mente vive na ilusão. A mente não passa de todas as ilusões acumuladas em você: ilusões como lembranças, ilusões como imaginação, ilusões como sonhos, esperanças, desejos. E, no próprio centro de todas essas ilusões, está a ilusão do "eu sou", o ego. É a própria raiz, a ilusão central, e todas as outras ilusões giram em torno dela. Elas a sustentam, alimentam-na, e são sustentadas e alimentadas por ela; é um acordo mútuo. E, entre uma e outras, você e a sua realidade se perdem completamente.

A meditação significa simplesmente sair desse estado ilusório — de sonhos, desejos, passado, futuro — e apenas estar no momento que o cerca. Apenas estar, por inteiro, no momento, sem pensar em nada, é estar na realidade. Sair das ilusões requer certo esforço, porque investimos muito nelas. São as nossas esperanças: é por meio delas que seguimos vivendo, que prosseguimos. Abandoná-las significa abandonar o futuro, abandonar todas as esperanças; e nós não sabemos viver no presente sem esperança.

Nisso consiste todo o segredo: viver no presente e sem esperança. E lembre-se: viver sem esperança não significa viver desesperançado. Viver sem esperança significa apenas que o presente é tão belo que não é preciso se preocupar com o futuro. Quem se importa com ele? Não é viver no desânimo e no desespero, mas estar tão completo no presente que não sobre espaço para pensar no futuro.

A pessoa que vive no desespero leva uma vida vazia. Ela não sabe o que é o presente, e o futuro desapareceu. Vivia apenas para o futuro: a cenoura que está pendurada logo em frente, no amanhã que nunca chega. Nós nos esforçamos arduamente para agarrar a cenoura; como nunca conseguimos, continuamos a correr atrás dela. No fim, a morte leva você embora, e você não chegou lá. Essa é a história de milhões de pessoas: elas vivem na esperança sem jamais satisfazê-la, e morrem insatisfeitas.

Viver sem esperança significa simplesmente viver aqui e agora, sabendo que não existe amanhã; é sempre hoje. E com isso um tipo de vida totalmente diferente começa a se cristalizar em você. É tão absolutamente prazerosa que não se pensa no passado nem no futuro.

Nós só pensamos no passado e no futuro porque o presente é muito vazio, porque nós não sabemos como viver este momento. Então, ou tendemos para o passado, ou tendemos para o futuro. O passado não é mais, o futuro ainda não é; os dois são nadas. Entre esses dois nadas está este momento, e este momento é tudo.

❈

O esforço que temos feito no Oriente há séculos não consiste em resolver problemas. Quando tem um pesadelo, por exemplo, você tenta resolver o problema do que fazer com esse leão que está vindo atrás de você. Isso é a psicanálise. Ou então você começa a tentar descobrir de onde ele vem, como isso foi acontecer, antes de mais nada — "Por que esse leão está me seguindo? E de onde vem esse medo? E por que eu estou subindo na árvore?" E você encontra um grande especialista em analisar as coisas, explicar, criar teorias, dizer a você como isso foi acontecer, antes de mais nada. Talvez seja um trauma de nascimento, ou talvez os seus pais não tenham cuidado de você direito. Ou talvez esse leão seja alguém. Basta olhá-lo diretamente nos olhos — é a sua mulher, ou o seu marido, e você está com medo da sua mulher ou do seu marido.

Mas todas essas explicações tomam como pressuposto uma coisa: que o leão é real. E esse o problema básico, e não de onde vem o leão ou qual é o significado simbólico do leão. Não é esse o verdadeiro problema. O verdadeiro problema é se o leão é ou não é real. A psicanálise não ajuda você a tomar consciência de que a mente é uma coisa irreal — ilusão, *maya*. Na verdade, ela afunda você ainda mais no lodo, no atoleiro. Ela leva você mais para dentro, para as raízes. Mas uma ilusão não pode ter raízes. Você vai estar sempre indo às raízes, mas não vai chegar lá. Uma ilusão não pode ter nenhuma causa.

Agora vou repetir, porque isso vai tornar a diferença ainda mais clara. Uma ilusão não pode ter nenhuma causa; portanto, você não pode procurar a causa. Você pode ir cada vez mais fundo, pode ir até o inconsciente do homem... Freud o fez, e o fez perfeitamente, mas isso não resolveu nada. Jung precisou ir mais fundo. Precisou encontrar algo como o inconsciente coletivo. E você pode ir além. E poderá encontrar o inconsciente universal, e assim por diante, camada sobre camada. Você pode continuar analisando — talvez seja um trauma de nascimento, talvez você tenha sentido muito medo ao sair do ventre da sua mãe. Mas as coisas não terminam aí, porque você esteve no ventre da sua mãe durante nove meses. Não se pode simplesmente desprezar esses nove meses. Muita coisa aconteceu com você nesse período. Você precisa analisar isso.

E, se você for fundo o bastante, terá que entrar na sua vida anterior — é o que os analistas hindus têm feito. Eles dizem "a vida anterior", e depois "a anterior à anterior", e vão recuando, indefinidamente. E você não chega a lugar nenhum. Por qualquer um dos dois caminhos, você chega a um ponto em que vê a total futilidade disso.

Para ver a futilidade da mente, e para ver que uma ilusão não pode ter nenhuma causa e não é passível de análise, a única coisa que você pode fazer é ficar mais alerta, atento. O sonho desaparece na própria atenção. Ele não tem poder sobre você. E, quando a mente não está mais ali, prendendo você, você é um homem totalmente novo. Uma nova consciência nasce em você.

XXI. Completude

Lembre-se de uma lei fundamental: tudo o que é completo desaparece, porque não há nenhum sentido em prosseguir; tudo o que é incompleto permanece, esperando pela completude. E esta existência, na verdade, está sempre buscando a completude. A existência inteira tem uma tendência básica de completar tudo. Ela não gosta das coisas incompletas — elas perduram, esperam; e para a existência não há pressa — elas podem esperar milhões de anos.

Você se lembra de alguma coisa que você tenha completado? Há algum momento na sua vida, alguma experiência, que você possa dizer que é completa, que é total? Se você tem uma experiência que é completa, a mente nunca vai voltar a ela. Não é necessário. Não é necessário! É absolutamente inútil. A mente apenas tenta completar tudo. Ela tem a tendência de completar. E isso é necessário; a vida seria impossível de outra maneira.

Portanto, o monólogo constante que todo mundo traz dentro de si faz parte, na verdade, do seu viver errado — do seu viver incompleto. Nada termina, e você vai fazendo novos começos. Assim a mente vai se atulhando de coisas incompletas. Elas jamais vão estar completas, mas criam um fardo para a mente — um fardo constante, crescente, progressivo —, e isso cria o monólogo.

É por isso que, quanto mais você envelhece, mais o monólogo cresce com você. E os velhos começam a falar em voz alta. Na verdade, o fardo é tão grande que se perdeu o controle. Observe, então, os velhos. Eles ficam sentados, mexem as pernas, fazem gestos. O que estão fazendo? Você pensa que eles ficaram loucos, que envelheceram e agora ficaram imbecis. Não, não é o caso. Eles tiveram uma longa vida incompleta, e agora a morte se aproxima e a mente está apressada, tentando completar tudo. E parece impossível! Portanto, se você quer realmente quebrar esse monólogo, o que significa silêncio, tente completar tudo o que você está fazendo. E não comece coisas novas — você vai ficar louco. Termine tudo o que você está fazendo, até as mínimas coisas.

Você está tomando um banho; torne-o completo. Como torná-lo completo? Esteja ali! A sua presença vai torná-lo completo. Esteja ali, aproveite, viva, sinta. Sinta a água caindo sobre você, fique saciado. Saia do banho completamente, totalmente. Do contrário, o banho vai seguir você. Vai tornar-se uma sombra; vai atrás de você. Você está comendo; então coma! Esqueça-se de tudo! Não existe nada no mundo exceto o seu ato presente. O que quer que você faça, faça-o de modo tão completo, tão sem pressa, tão paciente que a mente se sature e se satisfaça. Só então abandone. Três meses de consciência contínua de fazer suas ações de maneira completa vão proporcionar-lhe alguns intervalos no seu monólogo. Então, pela primeira vez, você ficará consciente de que esse monólogo era um subproduto do viver incompleto.

Buda utilizou o termo "viver correto". Ele mostrou um caminho óctuplo. Daqueles oito princípios, um é o "viver correto". O viver correto significa o viver total; o viver incorreto significa o viver incompleto.

Se você sentir raiva, sinta muita raiva. Sinta raiva de modo autêntico; torne-a completa. Sofra-a! Não há mal nenhum em sofrer, porque o sofrimento traz muita sabedoria. Não há mal nenhum em sofrer, porque apenas sofrendo é que transcendemos o sofrimento. Sofra! Mas sinta a sua raiva de modo autêntico.

O que você está fazendo? Você está com raiva e sorrindo. Agora a raiva vai segui-lo. Você pode enganar o mundo inteiro, mas não pode enganar a si mesmo, não pode enganar a sua mente. A mente sabe muito bem que o sorriso é falso. Agora a raiva vai continuar, por dentro; vai tornar-se um monólogo. Então, tudo o que você não disse terá que dizer interiormente. Tudo o que você não fez você vai se imaginar tendo feito. Agora você vai criar um sonho. Você vai lutar com o seu inimigo, com o objeto da sua raiva. A mente estará ajudando você a completar determinada coisa.

Mas isso é impossível também, porque você estará fazendo outras coisas. Até mesmo isso pode ser útil: feche a porta do seu quarto — você não estava com raiva; a situação não o permitia —, feche a porta do seu quarto e então sinta raiva, mas não continue o monólogo. Ponha para fora. Não é necessário representá-lo em alguém; basta um travesseiro. Lute com ele, ponha sua raiva para fora, expresse-a, mas que seja autêntico, real. Que seja real, e então você vai sentir um repentino relaxamento interior. O monólogo vai ceder, vai quebrar. Haverá um intervalo, uma lacuna. Essa lacuna é o silêncio.

Portanto, a primeira coisa a fazer é quebrar o monólogo. E você só pode quebrá-lo se o seu viver se tornar um viver correto, completo. Nunca se deixe ficar incompleto. Viva cada momento como se depois não houvesse mais nenhum. Só assim você vai completá-lo. Saiba que a morte pode acontecer a qualquer momento. Este pode ser o último. Sinta isso: "Se eu tenho que fazer alguma coisa, tenho de fazê-la aqui e agora, completamente!"

O Mestre

Quando você vê um buda, um iluminado, uma enorme chama começa a florescer dentro de você. "Se essa beleza, essa graça, essa sabedoria, essa felicidade podem acontecer a qualquer um, por que não pode acontecer a mim?"

O mestre não é nada mais que um desafio — se aconteceu comigo, pode acontecer com você. E o mestre autêntico — existem tantos professores propondo doutrinas, crenças, filosofias —, o mestre autêntico não se importa com palavras; não se importa com crenças, ateísmo ou teísmo; não se importa sequer com Deus, ou com céu e inferno. O mestre autêntico importa-se com uma única coisa — provocar você para ver a sua potencialidade, para enxergar por dentro. A presença dele torna você silencioso, as palavras dele aprofundam o seu silêncio, o próprio ser dele começa a derreter a sua falsidade, a sua máscara, a sua personalidade.

A função do mestre é dar a você uma amostra de insegurança, de sinceridade. E, depois que você conhece essa sinceridade, essa insegurança... elas são os ingredientes básicos da liberdade; sem elas você não é capaz de abrir as asas e voar no céu do infinito.

É absolutamente essencial evitar os professores; eles são falsos mestres. É muito difícil, porque falam a mesma língua. Portanto, você não deve prestar atenção nas palavras, você deve prestar atenção no coração; você não deve prestar atenção nas doutrinas, na lógica e nos argumentos, você deve prestar atenção na graça, na beleza, nos olhos; você deve prestar atenção e sentir a aura que cerca um mestre. Ela toca você feito uma brisa fresca. Quando encontra um mestre, você encontra uma chave para abrir o tesouro das suas potencialidades.

Encontrar um mestre é fácil se você está disponível não apenas às palavras, mas aos silêncios também; não apenas às palavras, porque a verdade nunca vem por meio das palavras, mas entre as palavras, entre as linhas, nos espaços silenciosos. Se está buscando um mestre, não leve consigo nenhum critério, nenhum preconceito. Esteja absolutamente disponível, de modo que, quando deparar com um mestre, você possa sentir a energia dele. Ele traz um mundo inteiro de energia em torno de si. A sua própria experiência se irradia em torno dele, por todos os lados. Se você estiver aberto e sem medo de experimentar algo novo, de provar algo original, não é muito difícil encontrar um mestre. A dificuldade que houver estará em você.

O mestre é o seu futuro: aquilo que você pode se tornar ele *já* é. O mestre não é nada além do seu desdobramento: você é uma semente, ele é uma flor. Permita que o mestre seja um convite para você — o convite para a primavera interior, o convite para a flor interior. A possibilidade está lá, e você não ficará satisfeito enquanto a possibilidade não se efetivar. A menos que um homem se torne Deus, não há bênção, não há felicidade. E cada um é um deus em potencial, e a vida toda consiste na tarefa de realizar esse potencial.

O NAIPE DE FOGO
(PAUS)

Energia — Ação — Resposta

William Blake tem razão quando diz: "Energia é prazer." É uma frase muito profunda. Sim, energia é prazer, e, quanto maior a energia que você tem, maior será o seu prazer. A energia transbordante se transforma em celebração. Quando a energia dança em você, em uníssono, em profunda harmonia, ritmada e fluente, você se torna uma bênção para o mundo.

Energia

A vida é um fenômeno de enorme energia. Você não tem consciência de quanta energia você tem. Você acha que os átomos sabem quanta energia têm? Um só átomo, que é invisível aos olhos, quando explode, é capaz de destruir uma cidade do tamanho de Hiroshima ou Nagasaki. Tudo se queima em questão de minutos. Basta pensar: se um átomo de matéria tem tanta energia, a sua consciência é um fenômeno muito mais elevado. O seu ser deve carregar consigo universos inteiros de energia — latente, é claro, porque você não tem consciência do fato. Mas as descrições daqueles que tomaram consciência fornecem uma indicação.

Kabir diz que, em sua experiência do ser interior, era como se milhares de sóis tivessem se levantado de repente. Havia sóis dançando por toda parte, em torno dele; a luz era tão ofuscante que quase o cegava. Mas essa experiência não é exclusividade de Kabir. Vários místicos a descreveram do mesmo modo.

Não se preocupe: essa energia é criadora, e não destrutiva. Toda energia nascida do silêncio da meditação é criadora. Não há um só caso de destruição do que quer que fosse; ela apenas criou. Criou um belo espaço por dentro, e criou uma linda arte, música, escultura, poesia, pintura, por fora. Não é sequer um fogo quente; é bastante suave.

A história de Moisés, por exemplo — ele foi ao monte Sinai em busca de Deus e viu um fogo, e, dentro do fogo, uma sarça verde, que não queimava. Ele não acreditava no que seus olhos viam. As chamas se elevavam às alturas, e a sarça dentro delas estava verde, e suas flores desabrochavam como se uma brisa suave, e não um fogo, estivesse passando por elas.

Os teólogos vêm tentando imaginar isso. Eu não sou teólogo, mas posso compreender um pouco de poesia e acredito que seja uma afirmação poética, e não uma afirmação teológica. O que está sendo dito é que a vida é uma energia suave, tão criativa, tão não-destrutiva que, mesmo dentro do seu fogo, uma sarça permanecerá verde e crescerá e florescerá.

Aceite essa energia da vida — crie uma comunhão com essa energia da vida, um diálogo, e você será imensamente enriquecido, e não queimado. Pela primeira vez sua primavera vai chegar, e suas flores vão desabrochar.

Alegre-se com as chamas da energia, dance com essas chamas, entre em comunhão com essas chamas e você descobrirá um diálogo com a própria existência. Quando você tem medo de se queimar, esse medo mesmo interrompe o processo e se transforma numa barreira ao ingresso no mundo interior, em domínios mais profundos da consciência. Deixe de lado esse medo. Ninguém jamais foi queimado pela energia da vida.

É preciso aprender a deixar o medo de lado quando ingressamos no mundo interior — porque não há ninguém lá a não ser a sua própria energia, e a sua própria energia não pode ser sua inimiga. Na verdade, nem mesmo dizer "sua energia" está correto. É devido à pobreza da linguagem que precisamos usar expressões como essa. É melhor dizer que você *é* a energia. Quem poderia se queimar? Você é o próprio fogo; aquelas chamas dançantes são o seu próprio ser.

Ação

A mente sempre pensa em termos de objetivo, ganho, utilidade. Quando a mente desaparece, a ação não desaparece, mas a atividade sim — e há uma grande diferença entre as duas coisas. A atividade tem utilidade; a ação é pura alegria, pura beleza. Você age não porque há alguma coisa a conquistar; você age porque a ação é uma dança, uma música. Você age de tão repleto de energia que está.

Você já observou uma criança correndo na praia? Você pergunta a ela: "Por que você está correndo? Qual é o objetivo de correr? O que você vai ganhar com isso?" Você já observou a criança juntando conchinhas na praia? Você pergunta a ela: "Qual é a utilidade disso tudo? Você poderia empregar o seu tempo de maneira mais útil. Por que desperdiçá-lo?"

A criança simplesmente não está preocupada com a utilidade; ela está desfrutando a própria energia. Está tão cheia de energia, tão efervescente de energia que é pura dança — qualquer desculpa serve. São meras desculpas — conchinhas, seixos, pedras coloridas. São meras desculpas — o sol, a praia bonita... meras desculpas para correr e pular e gritar de alegria. Não há nenhuma utilidade.

"Energia é prazer" — é uma frase de William Blake, um dos poetas mais místicos do Ocidente. Energia *é* prazer. Quando existe uma grande energia, o que se pode fazer com ela? Ela é obrigada a explodir.

A ação nasce da energia, do prazer. A atividade é metódica. A ação é poesia; a atividade cria um elo, porque tem um resultado em vista. Você não a faz pela atividade em si; você a faz por algum objetivo. Há um motivo, e depois há uma frustração. De cada cem vezes, em 99 você não vai atingir o objetivo; portanto, 99 vezes você vai ficar infeliz, frustrado. Você não terá desfrutado a atividade em si; terá esperado um resultado. Agora o resultado veio, e, em 99 de cada cem vezes, houve frustração. E perca as esperanças em relação à vez restante, porque, quando você atinge o objetivo, há frustração também. O objetivo é atingido, mas, de repente, você percebe que todos os sonhos que você teve em relação ao objetivo não se realizaram.

A atividade significa existência de um objetivo; a atividade é apenas um meio para atingir um fim. A ação significa que os meios e os fins estão juntos. Eis a diferença entre ação e atividade.

Quando a ação surge em você, ela é de uma dimensão totalmente diferente. Você age pela pura alegria de agir. A ação é um fim em si mesma; não tem utilidade nenhuma. Quando a mente desaparece, todas as atividades úteis desaparecem junto com ela, porque a mente é a causa da fixação no objetivo. Ela contém todos os seus motivos. Ela contém o passado e o futuro; não contém o presente, em absoluto. E, quando não há mente nenhuma, tudo o que resta é o puro presente. Você age momento a momento, e cada momento se basta a si mesmo.

Resposta

Ação significa resposta; atividade significa reação. Quando você age, isso quer dizer que a mente é posta de lado e a sua consciência entra em contato direto com a existência; portanto, a resposta é imediata. Então, o que quer que você faça não é pré-fabricado. Não é uma resposta pré-fabricada fornecida pela mente; você responde à realidade como ela é. Aí existe beleza, porque a sua ação é fiel à situação.

Milhões de pessoas em todo o mundo, porém, simplesmente vivem de respostas pré-fabricadas. Já trazem a resposta consigo; não ouvem, não vêem a situação na frente delas. Estão mais interessadas na resposta que trazem dentro de si mesmas do que na própria questão, e revivem essa resposta inúmeras vezes. É por isso que a vida delas se torna repetitiva, chata, um tédio. Não é mais uma dança; não pode ser uma dança.

A ação é uma dança; a atividade é um tédio. A atividade é sempre infiel à situação; a ação é sempre fiel à situação. E a atividade é sempre inadequada, porque traz consigo uma resposta que vem do passado — mas a vida muda a cada momento, de modo que tudo o que você traz do passado é inadequado, sempre decepciona. Portanto, não importa o que você faça, haverá frustração; sentirá que não é capaz de lidar com a realidade. Você sempre sente que está faltando alguma coisa, que a sua reação não foi exatamente a que deveria ter sido. E o motivo é que você simplesmente repetiu, feito um papagaio, uma resposta pré-fabricada, fácil mas infiel — e infiel porque a situação era nova.

A ação denota que não existe nela um objetivo. Como dizem os poetas, "poesia pela poesia", ou "arte pela arte"; para o místico, a situação é a mesma. Sua ação é pela ação; não existe nela qualquer outro objetivo. Ele a desfruta dela como uma criança pequena — inocentemente.

Rei de Fogo: O Criador

O CRIADOR

A alegria do criador está na própria criação; não há outra recompensa.

A única virtude que vale a pena chamar de virtude é a criatividade. Não importa o que você crie, desde que intensifique a vida, embeleze a existência, torne a vida mais alegre, a canção um pouco mais saborosa, o amor um pouco mais glorioso — e a vida do criador começa a tornar-se parte da eternidade e da imortalidade.

Zaratustra fala do caminho do criador. Milhões de pessoas vivem, mas não criam nada. E um dos fundamentos da vida é que, se você não criar — pode ser uma pintura, uma canção, uma dança —, não conseguirá ser feliz, vai continuar infeliz. Só a criatividade dá a você a sua dignidade. Ajuda você a florescer na sua plenitude.

O criador não pode ser parte da multidão. Ele precisa aprender a estar sozinho, a distanciar-se, a aprender a beleza da solidão, porque somente nesse espaço o seu potencial começa a se converter em realidade.

O caminho do criador leva, no fim, a você mesmo, porque você se distancia da multidão, se distancia da massa — você vai para a solidão. Um pintor é absolutamente solitário em sua visão. Um dançarino é absolutamente solitário em sua dança.

Perguntaram certa vez a um dos maiores bailarinos, Nijinsky: "Você dança diante de platéias grandes; não se sente nervoso?" Ele respondeu: "Quanto a mim, eu me sinto nervoso, mas só até a dança começar. Dançando, estou absolutamente só, não existe mais ninguém. Não só os outros desaparecem como também, às vezes, há um momento, e é o melhor momento de todos, em que eu mesmo desapareço — apenas a dança permanece."

Os cientistas observaram que havia alguns momentos em que Nijinsky saltava a uma altura que não era fisicamente possível, por causa da gravidade. E ainda mais divertida era a parte em que ele descia: ele descia muito devagar — como uma folha caindo lentamente no chão, sem nenhuma pressa. Isso a gravidade também não permite: a gravidade puxa as coisas para baixo com violência.

Perguntaram-lhe sobre isso, e ele disse: "É um mistério para mim. Sempre que tento, não acontece, porque eu estou ali. Talvez eu seja o peso sobre o qual opera a gravidade. Quando me esqueço completamente de mim, subitamente acontece — sou apenas um observador, tanto quanto você, maravilhado. Não sei como isso acontece."

Talvez o ego seja a coisa mais pesada que existe em você. No momento em que Nijinsky sentia que ele próprio desaparecera — que apenas a dança estava lá, não mais o bailarino —, ele vivenciava a mesma experiência de Zaratustra, de Gautama Buda ou de Lao-tsé, mas a partir de uma dimensão bem diferente. Sua dança tornava-se uma experiência mística.

A alegria do criador está na própria criação; não há outra recompensa. E, no momento em que você começa a pensar numa recompensa qualquer para além do seu ato, passa a ser apenas um técnico, e não um criador.

O criador não é ambicioso e não quer eminência. Os que são ambiciosos e querem eminência não passam de pessoas de terceira classe: podem ser compositores, mas não criadores. Um criador não tem intenção de ser famoso, não tem intenção de ser respeitável. Sua energia inteira está envolvida com uma única coisa: com a criação.

Todas aquelas velhas grandes obras de arte... não sabemos, por exemplo, quem foi o arquiteto do Taj Mahal, a mais bela arquitetura de todo o mundo. Não sabemos quem criou os *Upanishads*, as mais belas afirmações sobre as experiências supremas do homem. Essas pessoas consideravam a si mesmas simples veículos, agentes da existência, meros instrumentos da criatividade da existência — jamais pensaram que fossem os criadores. Até mesmo assinar com o próprio nome é feio.

E veja as massas... Elas não criam nada, mas assinam em todos os banheiros públicos; nas salas de cinema, elas entalham os nomes nos assentos. Esse desejo de que o seu nome permaneça depois que você se for, esse desejo de ser eminente, de ser ambicioso, não fazem parte de uma alma criativa; fazem parte do mundano e do medíocre.

Rainha de Fogo: O Compartilhar

O COMPARTILHAR

Quanto mais você compartilha, mais tem. Na economia terrena, você compartilha e perde; na economia espiritual, você compartilha e obtém mais.

Na economia terrena, você precisa ser avarento; só assim consegue ficar rico... acumular, nunca dividir. Na economia espiritual, se você for avarento, tudo o que você tem será perdido. Só permanece se você compartilhar; é uma experiência de vida. O que é compartilhado perpetua um processo dinâmico.

Ouvi falar de um jovem que acabara de receber um grande prêmio de loteria e estava imensamente satisfeito. Estacionou o carro porque havia um mendigo ali parado. Ele ficava ali todos os dias, mas o jovem nunca parava o carro. Agora porém era diferente. O jovem deu a ele uma nota de cem rúpias. O mendigo riu.

O rapaz disse: "Não compreendo. Por que você está rindo?"

Ele respondeu: "Isso me faz lembrar... Eu já tive o meu próprio carro, e era tão generoso quanto você. Estou rindo porque em breve você vai estar aqui, no meu lugar. Não seja tão generoso! Aprenda alguma coisa com a minha experiência."

Na economia terrena, no momento em que você dá, o que é dado é subtraído. Mas você já sentiu, ao dar amor, que ficou com menos amor? Ou então, ao compartilhar a sua alegria, já sentiu que a sua alegria ficou um pouco menor?

Se você observar, vai ficar surpreso: ao compartilhar a sua alegria, ela aumenta; ao amar, suas fontes de amor fluem mais — você fica com mais seiva. Ao dançar... ao simplesmente compartilhar de você mesmo com seus amigos, você não perde nada, ao contrário, você ganha.

Não dê atenção aos conselhos dos outros. Eles só entendem de economia terrena. Não conhecem nada de uma economia superior, em que dar é compartilhar e não dar é muito destrutivo.

Quanto mais você der, mais terá, quanto menos você der, menos terá. E, se você não der absolutamente nada, então não terá absolutamente nada.

Dê com mais totalidade, sem nenhuma hesitação e sem reter nada. Não dê atenção aos outros. Dê atenção à sua própria experiência; observe a sua própria experiência — quando você dá, você perde ou ganha alguma coisa? Esse deve ser o ponto decisivo.

Cavaleiro de Fogo: Intensidade

Tudo depende do buscador, de sua busca apaixonada e intensa. Depende da sua intensidade.

Se você for apenas morno na sua busca, o supremo estará muito distante do seu nada. Se você for total na sua sede, e nada estiver sendo retido, se você não deixar nada para trás, se não faltar nenhuma parte de você; se você saltou como uma unidade orgânica — sua raiva, seu amor, seu ódio, sua ambição, tudo junto —, se você apostou tudo o que tem, tudo o que a natureza lhe deu, nesse caso a distância será quase nula.

Depende da sua intensidade. A proporção da sua intensidade decidirá a proporção da distância entre a divindade e seu sono não-divino.

Você já observou como, sempre que você é intenso em alguma coisa, o eu desaparece? Você está apaixonado por alguém; na própria intensidade do seu amor, o eu desaparece. Você não existe mais, só existe o amor. Ou você está com raiva: na intensidade e totalidade da raiva, o eu desaparece. Você não está mais ali, só está a raiva.

Você pode observar isso na sua própria vida. Sempre que alguma coisa está ali, possuindo você, por inteiro, o eu não é encontrado. Essa é uma grande chave: o eu está ali somente quando você se entrega a alguma coisa pela metade. O que você guarda se torna o eu.

Se você está totalmente envolvido em pintar, em fazer algum trabalho, cantar uma música ou dançar ou tocar violão, se você está totalmente nisso, verá imediatamente que você não está ali. Alguma coisa do além tomou posse de você. O eu não está ali, só está o não-eu.

E você atingiu esse ponto muitas vezes — sem saber, é claro. Ao ver um belo pôr-do-sol, você se perdeu tanto na beleza dele que, por um momento, não existia idéia do eu. Você não estava lá. Era uma condição totalmente diferente: você não estava lá. Alguma coisa estava lá, mas não se pode chamá-la de "eu"; não se pode chamá-la de nenhum dos estados frios do ego. Você estava fluido, fluindo.

É o que Krishnamurti chama de momento em que o observador se torna o observado.

O pôr-do-sol estava ali, e o pôr-do-sol era demais. Ele possuiu você. O observador desapareceu no observado. O pôr-do-sol era tudo; você não estava separado, você não estava olhando a distância, você não era um espectador. Você estava nele, você fazia parte dele, e começou a se sentir como se estivesse derretendo, fundindo-se.

Daí a experiência libertadora da beleza, daí a experiência libertadora do amor, daí a experiência libertadora da música, da grande música. Esses momentos você conheceu — eles vêm naturalmente e vão embora. Mas você nunca foi capaz de submetê-los a uma abordagem científica. Não meditou sobre eles, não observou as chaves que estão escondidas neles.

A chave é que, sempre que você não está, a divindade está.

Isso pode ser feito conscientemente; não é preciso esperar por um pôr-do-sol, porque isso causaria, no fim, uma espécie de dependência. Portanto, não é preciso esperar pelo amor — mais uma vez, seria uma espécie de dependência; pode libertar por um momento, mas depois se torna uma escravidão. Se você se apaixona por uma mulher ou homem, é libertador. É por isso que as pessoas se apaixonam. Mais cedo ou mais tarde, porém, elas descobrem que a experiência libertadora desapareceu, evaporou, e em vez da experiência libertadora elas se vêem, de repente, numa escravidão — acorrentados, aprisionados.

O que houve com aquele amor tão libertador? Como ele se transformou numa prisão? Você ficou dependente dele, viciou-se nele; era tão bonito, e se tornou uma droga para você. E, assim que alguma coisa se torna uma droga, assim que você se vicia em alguma coisa, o que quer que seja, você está escravizado. E aí não liberta, não pode libertar. Torna-se feio; tudo fica azedo, amargo, venenoso.

Não, ninguém pode ser libertado por essas pequenas experiências de beleza, amor, música. É verdade, elas proporcionam relances, mas esses relances não podem se tornar o seu estado de ser. Você precisa aprender o segredo de como anular o próprio eu.

Toda experiência que lhe deu algum tipo de liberdade foi basicamente uma experiência de anular o próprio eu. Agora, portanto, em vez de depender de qualquer coisa, comece a anular o eu. Ao sentar-se em silêncio, desapareça: não seja. Ao trabalhar, desapareça: não seja. Sempre que você encontrar tempo, desapareça. E assim, bem lentamente, lentamente, surge a habilidade de fazê-lo. Então você poderá continuar trabalhando, vivendo a sua vida comum, 24 horas, e ainda assim não estará lá. Esse *lá* continua sendo uma espécie de espaço puro e silencioso dentro de você.

Esse espaço silencioso é a divindade.

Basta observar uma criança de 3 anos, e você verá o que a vivacidade deve ser, o quanto ela é alegre e como é sensível a tudo o que acontece em torno dela; o quanto é alerta, atenta; nada escapa ao seu olhar. E como é intensa em tudo: se está com raiva, está apenas com raiva, raiva pura. É bonito ver uma criança com raiva, porque as pessoas mais velhas são sempre tíbias; mesmo com raiva, não entram totalmente nela, ficam retendo. Não amam totalmente, não sentem raiva totalmente, não fazem nada na totalidade, estão sempre calculando. A vida delas fica morna. Nunca atinge aquela intensidade de cem graus em que as coisas evaporam, em que algo acontece, em que a revolução se faz possível.

Mas uma criança sempre vive a cem graus — o que quer que faça. Se ela odeia você, odeia totalmente, e, se ela ama você, ama totalmente; e é capaz de mudar de um instante para o outro. Ela é muito rápida, não demora, não planeja. Há apenas um instante, ela estava sentada em seu colo, dizendo a você o quanto o ama. E então algo acontece — você diz alguma coisa, e algo dá errado entre você e ela — e ela salta do seu colo e diz: "Não quero te ver nunca mais." Repare nos olhos dela, a totalidade disso.

E, por ser total, ela não deixa nenhum traço para trás. É a beleza da totalidade: ela não acumula memória psicológica. A memória psicológica só é criada pelo viver parcial. Então, tudo o que você viveu apenas em parte paira em torno de você; as sobras continuam pairando por toda a sua vida. E há milhares de coisas ali, pairando, inacabadas.

Nisso se resume a teoria do karma: trabalhos inacabados, ações inacabadas, ficam esperando para serem concluídos, completados, e aguilhoando você: "Complete-me" — pois toda ação quer ser finalizada.

Mas, se você vive totalmente, intensamente, está livre disso; você viveu o momento, e ele terminou. Você não olha para trás e não olha para a frente; simplesmente permanece aqui e agora, não existe passado nem futuro. É o que eu quero dizer com "celebração". No verdadeiro momento de celebração, só o presente existe.

Valete de Fogo: Espírito Brincalhão

ESPÍRITO BRINCALHÃO

Não existe caminho que leve ao espírito brincalhão, porque esse espírito não é e não pode ser um objetivo. Quando você esquece os objetivos, quando não está indo para lugar nenhum, quando a própria idéia de ir é abandonada — então o espírito brincalhão do aqui e agora começa a crescer em você.

Não pode haver nenhum mapa da terra da brincadeira. Todos os mapas levam à seriedade. O espírito brincalhão é quando todos os mapas foram queimados. Não existe caminho que leve ao espírito brincalhão, porque esse espírito não é e não pode ser um objetivo. Quando você esquece os objetivos, quando não está indo para lugar nenhum, quando a própria idéia de ir é abandonada — então o espírito brincalhão do aqui e agora começa a crescer em você, a acontecer em você.

O espírito brincalhão não está em parte alguma, em momento algum; está aqui, agora. Portanto, como pode haver um mapa do caminho? Você não precisa ir a lugar nenhum; precisa apenas ser.

A seriedade é voltada para o objetivo. E, mesmo quando uma pessoa séria começa a brincar, ela transforma a natureza da brincadeira — torna-se um jogo; não é mais brincadeira. É a diferença entre o jogo e a brincadeira. Quando a brincadeira se torna séria, ela se transforma num jogo.

As pessoas vêem luta livre, touradas ou futebol americano — feio, violento, desumano. As pessoas que vêem essas coisas são imaturas, e também um pouco pervertidas. Os espectadores são tão pueris quanto os gladiadores. E tanto uns quanto os outros, igualmente, estão, de certa maneira, tendo uma catarse; em nome do jogo, eles despejam o seu lixo, eles simplesmente vomitam a sua violência.

Este é um mundo muito, muito violento! É por isso que o amor não pode existir aqui. Quando os seres humanos realmente se tornarem seres humanos, não se ouvirá mais falar em coisas como tourada e luta livre; elas farão parte da história. Simplesmente imaginar que milhares de pessoas vão ver uma tourada parece tão feio, tão indigesto. Mas as pessoas são sérias. Elas transformam também a brincadeira em seriedade.

A brincadeira é algo em que não há absolutamente nenhum objetivo envolvido. O simples fato de estarmos juntos já é bonito — pela pura alegria de estarmos juntos! Num mundo melhor, com mais compreensão, os jogos vão desaparecer; existirá apenas a brincadeira. Ninguém será o vencedor, ninguém será o derrotado — porque a própria idéia de derrotar e vencer é desumana. Não há necessidade disso! Por que não podemos desfrutar o simples fato de estarmos juntos? Não deveria haver nenhum contador, nenhum marcador. Não deveria haver nenhum resultado final.

Se você adora brincar de futebol, brinque de futebol — apenas brinque! Não busque o resultado. Quando entra a questão do resultado, você fica sério, a brincadeira acaba; vira algo quase metódico. Aproveite a pura efusão de energia, aproveite o momento — não o sacrifique por mais nada.

Um pequeno exercício:

Dê uma boa gargalhada! Dance uma boa dança!

No começo, pode parecer um pouco desajeitado, porque você não ri há muito tempo. Talvez os lábios tenham perdido a elasticidade. Mas vai acontecer... apenas dê aos lábios uma oportunidade de reaprender. Eles não perderam essa capacidade. Talvez tenham esquecido — mas vão lembrar outra vez.

É impossível esquecer-se totalmente de como rir. É como nadar: você não consegue esquecer. Depois que você aprende, não esquece mais. Você pode não ter ido ao rio durante cinqüenta anos; de repente, cinqüenta anos depois, você é capaz de nadar. E não precisa sequer se lembrar.

E você ria, quando criança. Toda criança nasce rindo, e existem muito, muito poucos sortudos que morrem rindo. Aquele que consegue morrer rindo atingiu a sua meta. Mas, se você quer morrer rindo, precisa viver rindo.

Ás de Fogo/Ação: A Fonte

O Zazen é exatamente o seguinte: quando a energia apenas está lá — não vai a lugar nenhum, mas apenas pulsa na fonte original, irradiando ali a sua luz, desabrochando como um lótus, sem entrar nem sair —, é simplesmente aqui e agora.

Quando eu digo voltar-se para o interior, estou dizendo simplesmente para deixar de direcionar tudo para a cabeça.

A sociedade inteira força a sua energia a se transportar para a cabeça. Toda a educação consiste na técnica básica de como vibrar a energia apenas na cabeça — como fazer de você um grande matemático, como fazer de você um grande médico. Toda a educação que há no mundo consiste em levar a energia para a cabeça.

O Zen lhe pede para sair da cabeça e ir para a fonte básica — da qual o sistema educacional do mundo inteiro retira a energia, põe dentro da cabeça, transforma em idéias e imagens e cria o pensamento. Isso tem a sua utilidade. Não que o Zen não tenha consciência da utilidade da energia na cabeça, mas, se toda a energia for usada na cabeça, você nunca vai tomar consciência da sua eternidade. Você pode se tornar um grande pensador e filósofo, mas nunca saberá, como experiência, o que é a vida. Nunca saberá, como experiência, o que é ser um com o todo.

Quando a energia está bem no centro, vibrando... Quando ela não está indo a parte alguma, nem para a cabeça, nem para o coração, mas está na própria fonte da qual o coração a retira, a cabeça a retira... pulsando na própria fonte — esse é o significado estrito do Zazen.

Zazen significa simplesmente estar sentado na própria fonte, sem ir a lugar nenhum. Emerge uma enorme força, uma transformação de energia em luz e amor, numa vida maior, em compaixão. Então a fonte vai decidir onde está o seu potencial. Você pode relaxar na fonte, e ela vai levar você ao seu próprio potencial. Não significa que você precisa parar de pensar para sempre; significa só que você deve estar consciente e alerta e ser capaz de ir à fonte. Quando precisa da cabeça, você pode transportar a energia para a cabeça, e, quando precisa amar, você pode transportar a energia para o coração.

Mas você não precisa pensar 24 horas por dia. Quando não está pensando, você deve relaxar e voltar ao seu centro — isso mantém o homem zen constantemente alegre, alerta, contente. Uma felicidade o cerca; não é um ato, é simplesmente radiação.

O Zazen é a estratégia do Zen. Ao pé da letra, significa simplesmente estar sentado. Sentado onde? Sentado na própria fonte.

Dizer que no princípio era o Verbo está absolutamente errado. O som pode ter sido melhor, mas isso também não está certo. O silêncio teria sido ainda melhor do que o som, mas o silêncio também depende dos ouvidos, assim como o som depende dos ouvidos. Você acha que, quando você está ausente da sua sala, existe silêncio? Isso não é possível. Não há barulho, é verdade, mas não há silêncio tampouco. Barulho e silêncio são ambos experiências dos ouvidos.

Nenhum silêncio... nenhum som... nenhuma palavra.

Gautama Buda e sua abordagem me parecem muito mais científicos: existia apenas o nada. Esse nada é o nosso próprio ser. Nós saímos do nada e um dia vamos desaparecer no nada.

Portanto, acostume-se com esse nada, porque ele vai ser a sua morada eterna. Acostumar-se com o nada é o que significa meditar, e apenas isso. E, à medida que você observa os seus pensamentos, muito lentamente eles desaparecem, e somente um puro nada cerca você. Você chegou ao princípio do mundo, que é também o fim do mundo. Chegou à fonte e ao objetivo.

Nesse estado, somente a sua consciência é a verdade. É por isso que Buda e todas as pessoas que despertaram para a verdade suprema não aceitam a hipótese de Deus. Nesse nada, eles não encontram Deus nenhum, a menos que você queira chamar o nada de "Deus". Se quiser, não há problema — mas vai lhe dar uma compreensão muito errada do nada. Eu mesmo cheguei à conclusão de que, melhor do que dizer "não havia Deus nenhum" — porque isso vai ferir desnecessariamente as pessoas e não vai ajudar em nada —, é melhor dizer: "havia divindade". Apenas uma qualidade... Esse nada não estava vazio; esse nada estava cheio, transbordante. Estava cheio de consciência, e consciência é a qualidade divina; pode chamá-la de "divindade".

E a existência inteira é feita do mesmo material. Você pode chamá-la de "nada", você pode chamá-la de "divindade".

Essa fonte de luminosidade está dentro de você. Não está fora. Se você a procura fora, procura em vão. Feche os olhos e vá para dentro de si mesmo. Lá está... esperando desde a eternidade. É a sua natureza mais íntima. Você é luminosidade, o seu ser é luminoso. Essa luminosidade não é emprestada; é o seu cerne mais íntimo. Ela é você.

Você é luz — uma luz para você mesmo.

2 de Fogo/Ação: Possibilidades

Viver significa permanecer aberto a todas as possibilidades (...). Você não está limitado a nenhuma possibilidade, você tem um ser ilimitado, irrestrito. Você pode ser qualquer coisa; o momento seguinte pode trazer qualquer coisa.

Viver significa viver perigosamente; viver significa permanecer aberto a todas as possibilidades.

E as possibilidades são infinitas. Você não está limitado a nenhuma possibilidade, você tem um ser ilimitado, irrestrito. Você pode ser qualquer coisa; o momento seguinte pode trazer qualquer coisa. Bem no fundo, todo indivíduo é a humanidade inteira — não só a humanidade inteira, mas uma existência inteira. A árvore existe em você, o cachorro existe em você, o tigre existe em você; o passado inteiro existe em você, e também o futuro inteiro. De um modo bem atômico, tudo o que aconteceu no mundo e tudo o que vai acontecer existe em você potencialmente. Você pode ser de milhões de maneiras; portanto, viver significa viver perigosamente, significa viver por meio da mudança, do movimento. Ser como um rio.

Se você é seguro, é como um tanque de água; não há movimento, não há dinamismo. Estática, estagnada, a água do tanque fica suja e, aos poucos, morre. Um rio é vivo, e ninguém sabe o que vai acontecer. Ele pode se perder num deserto. Seu destino é imprevisível. Uma vida previsível é uma vida mecânica; quando é imprevisível, você palpita com a vida, pulsando, vibrando. E então Deus, ou o Tao, ou o Todo vive por meio de você.

❦

A natureza é uma culminação de infinitas possibilidades. Dentro dessas possibilidades, a ebulição da água a cem graus é um acontecimento natural, e o congelamento da água a zero grau também é um acontecimento natural. Um fenômeno natural como o congelamento da água a zero grau não nega o fenômeno natural da água que se transforma em vapor a cem graus. Não que um evento seja natural enquanto o outro não é — são ambos naturais.

As trevas são naturais, e também a luz. Cair é natural, e também levantar. Há infinitas possibilidades na natureza. Estamos sempre numa encruzilhada de onde surge um número infinito de possibilidades. E o interessante é que, não importa o que nós escolhamos, a capacidade de escolher é ela própria um dom da natureza. Mesmo se escolhêssemos um caminho errado, a natureza nos levaria até o fim dele.

A natureza é muito cooperativa. Se escolhemos a estrada que leva ao inferno, ela começa a limpar o caminho e nos convida a seguir em frente. Ela não impede você. Por que a natureza impediria você de transformar água em gelo, se é isso o que você quer, e a transformaria, em vez disso, em vapor? A natureza se contenta em limpar o seu caminho quando você quer ir para o inferno, ou para o céu; se você quer viver ou morrer, a natureza estará sempre disposta a cooperar. Viver é natural, morrer é natural, e a sua capacidade de escolher uma das duas coisas é natural também. Se conseguir captar essa multidimensionalidade da natureza, você não terá dificuldade para compreender o que estou dizendo.

O sofrimento é natural, e a felicidade também. Viver como cego é natural, e viver de olhos abertos é natural também. Estar desperto é natural, e permanecer adormecido é igualmente natural. A natureza contém infinitas possibilidades. E o interessante é que nós não vivemos fora da natureza; fazemos parte dela. Nossa escolha também se deve à capacidade natural que temos dentro de nós.

À medida que a pessoa vai ficando mais consciente, sua capacidade de escolher fica cada vez mais profunda. Quanto mais inconsciente é uma pessoa, menos profunda é a sua capacidade de escolher.

Não existe nenhum modo, por exemplo, de a água exposta ao sol não se transformar em vapor — isso seria bem difícil para ela. A água não pode decidir se vai se transformar em vapor ou não. Se ela ficar exposta ao sol, certamente vai se transformar em vapor, e, se ficar exposta ao frio, certamente vai virar gelo. A água vai ter que passar por isso, embora não tenha nenhum conhecimento do fato, porque sua consciência é mínima, ou nenhuma, ou inativa.

O homem enfrenta escolhas muito mais importantes porque sua consciência é muito mais evoluída. Ele escolhe não só com o corpo, mas também com a mente. Ele escolhe não só viajar sobre a terra; escolhe também viajar verticalmente, no espaço. Isso também está incluído no seu poder de escolha.

Embora essa área ainda não tenha sido pesquisada, eu sinto que, num futuro próximo, a ciência talvez descubra que existem árvores com tendências suicidas — árvores que talvez não escolham viver, que talvez queiram permanecer com uma altura reduzida, na densa floresta, e acabar morrendo. Isso ainda está para ser descoberto.

Entre os seres humanos, podemos ver claramente que há pessoas que são suicidas — elas não escolhem viver; vão procurando maneiras de morrer. Onde quer que elas vêem um espinho, correm para ele feito loucas; as flores não atraem essas pessoas. Onde quer que vêem uma derrota, deixam-se arrastar até ela, como se estivessem hipnotizadas; mas, quando vêem a vitória, procuram inúmeras desculpas. As pessoas encontram milhares de argumentos contra a possibilidade de crescer, mas, quando estão certas da ruína, vão diretamente em direção a ela.

Todas as escolhas estão abertas ao homem. Quanto mais consciente o homem for, mais suas escolhas o levarão à felicidade; quanto mais inconsciente, mais ele se aproximará da miséria.

3 de Fogo/Ação: O Experienciar

O EXPERIENCIAR

Quando estiver sentado junto a uma flor, não seja um homem: seja uma flor. Quando estiver sentado junto a uma árvore, não seja um homem: seja uma árvore. Quanto estiver nadando num rio, não seja um homem, seja um rio. Assim você receberá milhões de sinais. E isso não é comunicação — é comunhão.

Olhe! Veja! Sinta! Toque! Mas não pense. No instante em que entra o pensamento, você sai dos trilhos — e aí você vive num mundo particular. Pensar é um mundo particular; pertence a você. Nele você está fechado, encapsulado, aprisionado dentro de si mesmo. Não pensando, você não está mais, não está mais fechado. Não pensando, você se abre, fica poroso; a existência flui em você, e você flui na existência.

Mas a tendência da mente é interpretar. Antes de ver uma coisa, você já a interpretou. Você me escuta: mesmo antes que eu diga qualquer coisa, você já está pensando nela. É por isso que fica impossível ouvir. Você precisa aprender a ouvir. Ouvir significa que você está aberto, vulnerável, receptivo, mas não está de modo algum pensando. Pensar é uma ação positiva. Ouvir é passividade: você é como um vale, e recebe; você é como um ventre, e recebe. Se você consegue ouvir, a natureza fala — mas não num idioma. A natureza não usa palavras. Então o que ela usa? Ela usa sinais, diz Heráclito. Eis ali uma flor; qual é o sinal que há nela? Ela não está dizendo nada; mas você é capaz de dizer que ela realmente não está dizendo nada? Ela está dizendo muito, mas não está usando nenhuma palavra — é uma mensagem silenciosa.

Para ouvir o silêncio, você precisa ser silencioso, porque só o semelhante pode ouvir o semelhante, somente o semelhante pode se relacionar com o semelhante.

Quando estiver sentado junto a uma flor, não seja um homem nem uma mulher: seja uma flor. Quando estiver sentado junto a uma árvore, não seja um homem nem uma mulher: seja uma árvore. Quando estiver nadando num rio, não seja uma pessoa, seja um rio. E assim você receberá milhões de sinais. E isso não é comunicação — é comunhão. Então a natureza fala, em milhares de linguagens, mas não num idioma. Ela fala em inúmeras direções, mas você não pode consultar um dicionário nem um filósofo para saber o que significa. No momento em que você começa a pensar o que significa, já está começando a se desviar.

A existência abre milhões de portas para você, mas você fica do lado de fora e quer saber alguma coisa sobre ela de lá. Na natureza não existe lado de fora. Eu gostaria de repetir essas palavras: na natureza não existe lado de fora, tudo está dentro.

4 de Fogo/Ação: Participação

Mergulhe no rio; esse é o único modo de conhecer a vida. Mergulhe no rio. Nunca seja espectador. O espectador é o homem mais pobre do mundo.

Só é possível conhecer a vida pela participação. Não seja espectador. Todo o mundo moderno se tornou apenas espectador, uma multidão de assistentes. Alguém dança, e você olha. O que você está fazendo? Como você pode olhar para uma dança? Uma dança deve ser sentida, deve ser dançada. Alguém canta, e você olha e ouve. Para conhecer a canção e a beleza dela você precisa cantar, participar. Mas essa calamidade tomou proporções epidêmicas. Você apenas olha para tudo.

Você corre até o cinema — para quê? Você não consegue viver uma vida bonita? Por que precisa ir ver um filme? As pessoas grudam em suas cadeiras em frente à TV, apenas olhando como as outras pessoas vivem. E elas não estão sequer vivendo, estão atuando para você. Estão atuando para você, e você está vendo esses atores — e ninguém está vivendo. O dançarino não é um dançarino de verdade; é um profissional, e você é a platéia. É tudo falso.

Olhe para o essencial. Quando começar a olhar para o essencial, você vai se tornar um participante. Você vai saber. Uma dança deve ser conhecida apenas de um modo — dançando. Como você pode saber o que é nadar se só fica junto à margem, vendo os outros nadarem? Você vê as braçadas, e vê alguém fazendo alguma coisa dentro d'água — mas como você vai saber a emoção que ele está sentindo, o ímpeto, o sentimento, o ânimo, a alegria? A sensação do rio, deslizar com o rio, dançar com o rio — como você vai conhecer isso ficando na margem?

Mergulhe no rio; esse é o único modo de conhecer a vida. Mergulhe no rio. Nunca seja um simples espectador. O espectador é o homem mais pobre do mundo. Participe. Com a participação vem o amor, vem a verdade, vem a beleza; com a participação, em última análise, vem Deus.

Todas as portas estão abertas. Mas, se você fica de longe, se não participa, se continua sendo um espectador, não há chance. Você mesmo está perdendo; do contrário, a cada momento há chances e mais chances. A oportunidade nunca vem nem vai; ela está sempre ali. Aproveite! Mergulhe, arrisque, aposte tudo o que você tem, e imediatamente a porta se abrirá. Da próxima vez, lembre-se desde o começo: participe de tudo; não fique de fora... Você está mantendo distância, só vai até certo ponto; está sendo esperto, calculista. Assim não há nenhuma chance, porque a chance só existe para aqueles que mergulharam com totalidade.

Você pode continuar na margem do rio, e pode ficar com sede. Então terá de se abaixar, terá de juntar as mãos em concha, terá de beber! O rio está lá, está disponível. Mas ainda assim você precisa fazer alguma coisa para que ele possa matar a sua sede.

Então, da próxima vez, mergulhe!

É isso o que eu sinto: se existe um Deus, Ele não vai lhe perguntar: "Quais foram as suas boas ações, e quais foram as suas más ações; quais os pecados que você cometeu e quais as virtudes que você cultivou?" — não. Se existe um Deus, Ele vai lhe perguntar: "Sua vida foi uma celebração ou uma tristeza?" É a única coisa que se pode perguntar. Se toda a existência celebra, por que você está à parte, sozinho, isolado? E então você se sente um estranho. Quando as flores desabrocham, por que você fica à distância? Por que não florescer? Quando os pássaros cantam, por que você fica à distância? Por que não cantar, por que não participar?

5 de Fogo/Ação: Totalidade

Eu digo: tudo o que você fizer, faça totalmente. Se for bom, se tornará parte de você. Se não for bom, você abandonará. Essa é a beleza de ser total.

Sempre faça tudo o que quiser, mas faça totalmente.
Eu jamais digo a ninguém o que fazer — não é o meu estilo. Eu digo: tudo o que você fizer, faça totalmente. Se for bom, se tornará parte de você. Se não for bom, você abandonará. Essa é a beleza de ser total... é o segredo de ser total. Você não pode estar totalmente com o diabo, você só pode estar totalmente com Deus. Portanto, a totalidade é o critério.

Eu não digo para não cometer um pecado. Não tenho mandamentos. Eu não digo: "Faça isso. Isso é moral e virtuoso" — nada. Eu digo: o que quer que você queira fazer, faça. Se você quer ser ladrão, seja um ladrão total. Se for uma virtude, se tornará parte de você. Se não for uma virtude, você abandonará. Se quer ficar com raiva, fique com raiva totalmente. Se valer a pena, você vai aproveitar. Se você sentir que é só uma bobagem, a raiva simplesmente desaparecerá por conta própria.

A totalidade é o critério. Então, se você quer se deixar levar pela correnteza, deixe-se levar — mas não resista. Se você quer resistir, então resista totalmente, e não se deixe levar! Não estou dizendo para se deixar levar. Lembre-se sempre de que eu nunca dou nenhuma orientação. Quem sou eu para orientá-lo? E os que fazem isso são manipuladores. Eu simplesmente ofereço uma compreensão.

Portanto, escolha. Com um pé num barco e o outro pé no outro barco, você está em perigo. E os barcos estão se movendo em direções diametralmente opostas; você será dividido ao meio. É o que está acontecendo com milhões de pessoas — estão despedaçadas, tudo desmorona. Assim a vida se torna uma infelicidade, e só pode ser assim.

A vida é feliz quando você está inteiro. A felicidade é uma função da integridade.

❀

Não há nenhum arrependimento num buda. Ele nunca olha para trás; não há motivo para isso. Tudo o que ele fez, fez total e perfeitamente.

Mas você sempre precisa olhar para trás, pela simples razão de que você é sempre parcial, fragmentado. Apenas uma parte do seu ser está envolvida, e você faz tudo de modo a não estar totalmente naquilo, nunca inteiramente naquilo. Depois, você começa a pensar: "Eu deveria ter feito isso", ou "Eu deveria ter feito aquilo", ou "Talvez houvesse um jeito melhor de fazer". Você começa a se arrepender, começa a sentir-se culpado. Suas ações são muito incompletas, por isso ficam essas pendências. Quando você pratica uma ação com totalidade, quando você está nela inteiramente, então, uma vez fora dela, você está inteiramente fora dela.

Lembre-se desta lei fundamental: se você está totalmente dentro de alguma coisa, poderá estar totalmente fora dela. Se não está totalmente dentro, continuará envolvido nela, mesmo depois que o tempo passar; mesmo quando ela tiver terminado, você continuará envolvido nela. Uma parte de você vai continuar apegada ao passado, e você sempre vai se sentir infeliz. O que quer que você escolha, a infelicidade estará fadada a acompanhá-lo, porque, mais cedo ou mais tarde, você vai perceber que poderia ter feito melhor.

Mas um homem de consciência sabe que não há possibilidade de fazer melhor o que quer que seja. Portanto, por que lembrar-se? Ele não se lembra do passado. Não que ele não tenha memória — ele tem uma memória mais clara do que a sua —, mas essa memória é apenas um estoque silencioso. Se ele precisar, essa memória pode ser utilizada, mas ele não é escravo da memória. E ele nunca pensa no futuro. Nunca ensaia para o futuro, porque sabe: "Aconteça o que acontecer, eu sempre estarei lá com a minha totalidade. Mais do que isso não é possível." Assim, ele simplesmente age de modo espontâneo, sem memória, sem projeção do futuro. Sua ação é total e presente — e a ação que é total e presente traz liberdade.

6 de Fogo/Ação: Sucesso

SUCESSO

Você simplesmente continua em movimento, aproveitando tudo o que estiver à disposição. Se encontrar o sucesso, aproveite-o. Se encontrar o fracasso, aproveite-o — pois o fracasso também traz alguns proveitos que nenhum sucesso jamais poderá trazer. E o sucesso também traz alegrias que nenhum fracasso jamais poderá trazer.

Se você quiser ter sucesso, vai continuar infeliz. Você pode ter sucesso, pode não ter; mas uma coisa é certa: você vai continuar infeliz. Se quiser ter sucesso e o conseguir por acaso, por coincidência, isso não vai preencher você — porque assim é a mente. O que quer que você consiga perde o sentido, e a mente começa a ultrapassar você. Ela quer cada vez mais e mais e mais — a mente não é nada além do desejo de mais. E esse desejo nunca pode ser satisfeito, porque, não importa o que você consiga, sempre poderá imaginar mais. E a distância entre esse "mais" e o que você já conseguiu permanecerá constante.

Essa é uma das coisas mais constantes da experiência humana: tudo muda, mas a distância entre o que você tem e o que você gostaria de ter permanece constante.

Albert Einstein disse: a velocidade do tempo se mantém constante — é a única constante. E Buda disse: a velocidade da mente é sempre constante. E a verdade é que a mente e o tempo não são duas coisas diferentes — são uma coisa só; dois nomes para a mesma coisa.

Portanto, se você quer ter sucesso, pode ter, mas não vai se contentar. E qual é o significado do sucesso se você não se contenta? E é apenas coincidência, eu digo, se você tiver sucesso; a possibilidade maior é que você fracasse, porque não é só você que está em busca do sucesso — milhões de pessoas estão.

Num país de seiscentos milhões de pessoas, só uma pode ser primeiro-ministro — e seiscentos milhões de pessoas querem ser o presidente ou o primeiro-ministro. Portanto, só uma tem sucesso, e a multidão toda fracassa. A possibilidade maior é que você fracasse; matematicamente, parece mais certa do que o sucesso.

Se você fracassa, se sente frustrado; sua vida inteira parece puro desperdício. Se você tem sucesso, nunca tem sucesso suficiente; se você fracassa, fracassa — nisso se resume o jogo.

Mas, se você é contra o sucesso, mais uma vez, tem outra idéia do que é ter sucesso; ou seja, como abandonar esse absurdo que é ter sucesso. Depois você tem ainda outra idéia... de novo a distância, de novo o desejo.

É isso, porém, o que transforma pessoas em monges, o que faz com que as pessoas abracem a vida monástica. Elas são contra o sucesso. Elas querem sair do mundo onde existe competição — querem escapar disso tudo de modo que não exista provocação, não exista competição, e elas possam repousar em si mesmas. Então elas tentam não desejar o sucesso — mas isso é também um desejo! E elas têm ainda uma idéia de sucesso espiritual: como ter sucesso e tornar-se um Buda, como ter sucesso e tornar-se um Cristo, como ter sucesso e tornar-se um Mahavir. Outra vez uma idéia, outra vez a distância, outra vez o desejo — outra vez o jogo todo se inicia.

Eu não sou contra o sucesso; é por isso que estou no mundo; se não fosse assim, eu teria escapado. Não sou a favor dele, não sou contra ele. Eu digo: seja um pedaço de madeira flutuante — não importa o que aconteça, deixe acontecer. Não faça uma escolha própria. O que quer que apareça no seu caminho, dê boas-vindas. Às vezes é o dia, às vezes é a noite; às vezes é a felicidade, às vezes é a infelicidade — você não escolhe, simplesmente aceita o que vier.

É o que eu chamo de característica do ser espiritual. É o que eu chamo de consciência religiosa. Não é nem contra, nem a favor — porque, se você é a favor, será contra; se você é contra, será a favor. E, quando você é a favor ou contra alguma coisa, divide a existência em dois. Você tem uma escolha, e escolher é o inferno. Não escolher é estar livre do inferno.

Você simplesmente continua em movimento, aproveitando tudo o que estiver à disposição. Se encontrar o sucesso, aproveite-o. Se encontrar o fracasso, aproveite-o — pois o fracasso também traz alguns proveitos que nenhum sucesso jamais poderá trazer. E o sucesso também traz alegrias que nenhum fracasso jamais poderá trazer. E um homem que não tem nenhuma idéia própria é capaz de aproveitar tudo, não importa o que aconteça. Se está com saúde, ele aproveita a saúde; se está doente, ele repousa na cama e aproveita a doença.

Você já aproveitou uma doença? Se nunca aproveitou, está perdendo muita coisa. Simplesmente deitado na cama, sem fazer nada, sem se preocupar com o mundo, com todos cuidando de você, de repente você se torna um monarca — todos são prestativos, atenciosos, amorosos. E você não precisa fazer nada, não tem uma única preocupação no mundo. Apenas repousa. Você ouve os pássaros, ouve música, ou lê um pouco, e cai no sono. É bonito! Tem sua beleza própria. Mas você acha que precisa estar sempre com saúde, então se sente infeliz.

A miséria vem porque escolhemos. A felicidade vem quando não escolhemos.

7 de Fogo/Ação: Estresse

Lutar com a vida não adianta absolutamente nada. A luta é simplesmente destrutiva; não faz sentido. O esforço não é necessário.

Todos os objetivos particulares são contrários ao objetivo do Universo. Todos os objetivos particulares são contrários ao objetivo do Todo. Todos os objetivos particulares são neuróticos. O homem essencial chega a saber, a sentir que "eu não sou separado do Todo e não há necessidade de procurar e buscar nenhum destino por minha própria conta. As coisas estão acontecendo, o mundo está em movimento — chame-o de Deus; Ele está fazendo coisas. Elas estão acontecendo por si mesmas. Não requer de mim nenhum empenho, nenhum esforço; não requer que eu lute por nada. Eu posso relaxar e apenas ser".

O homem essencial não é um fazedor. O homem acidental é um fazedor. Portanto, o homem acidental está, é claro, com ansiedade, tensão, estresse, angústia, continuamente sentado em cima de um vulcão — que pode entrar em erupção a qualquer momento, porque ele vive num mundo de incerteza e acredita nele como se fosse certo. Isso cria tensão em seu ser: ele sabe, no fundo, que nada é certo. Um homem rico tem tudo o que pode ter e mesmo assim sabe, no fundo, que não tem nada. É isso que torna o rico ainda mais pobre que o pobre.

Um pobre nunca é tão pobre porque ainda tem esperança: mais cedo ou mais tarde, o destino vai derramar suas bênçãos sobre ele; mais cedo ou mais tarde, ele será capaz de conseguir, de conquistar. Ele pode ter esperança. O rico já alcançou, suas esperanças foram satisfeitas — agora, de repente, ele descobre que nada foi satisfeito. Todas as esperanças satisfeitas, e mesmo assim nada está satisfeito. Ele alcançou, e não alcançou absolutamente nada — sempre foi uma viagem de sonho. Ele não avançou um centímetro.

Um homem que tem sucesso no mundo sente a dor de ser um fracasso como ninguém mais pode sentir. Há um provérbio que diz que nada tem tanto êxito quanto o sucesso. Eu prefiro dizer: nada fracassa como o sucesso. Mas você só fica sabendo disso quando tem sucesso. Quando todas as riquezas com que você sonhou, planejou, trabalhou duro para conseguir estiverem lá; então, sentado bem no meio dessas riquezas, estará o mendigo — por dentro, lá no fundo, vazio, oco; nada por dentro, tudo por fora.

Na verdade, quando tudo está do lado de fora, torna-se um contraste. Apenas enfatiza o seu vazio e o seu nada. Apenas enfatiza sua mendicância, sua pobreza interior. Um rico conhece a pobreza como nenhum pobre jamais poderá conhecer. Um homem de sucesso sabe o que é o fracasso. Quando está no topo do mundo, você, de repente, percebe que vem se comportando como um tolo. Você pode não dizer isso, pois que sentido faz dizê-lo? Você pode fingir que é muito feliz — os presidentes e primeiros-ministros vão fingindo que são muito felizes; e não são. Estão só mantendo as aparências. Agora, o que dizer? Não faz sentido sequer dizer coisa alguma — eles não são verdadeiros.

No passado, as pessoas eram mais verdadeiras, mais autênticas. Buda era um príncipe, ia ser imperador, mas percebeu que não havia nada de mais nisso. Ele poderia ter fingido. Mahavir era um príncipe; ia ser imperador. Percebeu que não havia nada de mais nisso. Eles simplesmente declararam ao mundo o que perceberam. Eles simplesmente disseram que os ricos haviam fracassado, que os reinos não são reinos;

que, se você realmente procura o reino, deve procurar em outro lugar, em outra direção. Neste mundo, não há como alcançá-lo.

Se você tiver um objetivo particular, vai enlouquecer. Relaxe! Abandone o mundo acidental para entrar no mundo essencial. Então começa-se a aceitar as coisas como são. Então começa-se a amar as coisas como são. Então começa-se a estimar as coisas como são. E elas sempre foram bonitas. Quando você não está mais lutando, não está mais indo a lugar nenhum, é capaz de sentir a música, a música celestial que há ao redor. Você é capaz de ver a beleza infinita, e sentir-se grato por ela. É um presente. Não é necessário roubá-lo — já foi dado a você.

E, quando você começa a entender isso, o mundo adquire uma cor totalmente nova. Mesmo quando, às vezes, há dor, você compreende. Às vezes dói — sim, mesmo assim nem tudo são flores. Não pode ser. Não pode ser, mas você começa a compreender isso. Na verdade, você começa a ver que os espinhos existem para proteger as rosas; que a noite é necessária para ajudar o dia a nascer; que a morte é necessária para renovar a vida. Depois que você começa a entender, você se torna positivo. Então, o que quer que aconteça, você pode sempre olhar mais fundo, para o sentido, para a importância. Um homem que atingiu seu centro essencial atravessa dançando as diferentes situações. Às vezes é quente, às vezes é frio; às vezes é alegria, às vezes é tristeza — mas agora tudo lhe comunica alguma mensagem do Todo. Tudo se transformou em mensageiro.

8 de Fogo/Ação: Viagem

A vida é uma continuidade, sempre e sempre. Não existe um destino final ao qual ela se dirige. Apenas a peregrinação, apenas a viagem em si já é a vida, não o chegar a algum ponto, a alguma meta.

O que você vai fazer ao chegar a um destino? Ninguém pergunta isso, porque todos estão tentando ter algum destino na vida. Mas as implicações...

Se você realmente alcançar o destino da vida, e então? Então você vai ficar muito embaraçado. Não haverá para onde ir... você terá atingido o destino final — e, na viagem, você perdeu tudo. Você precisava perder tudo. Assim, no destino final, nu, você vai parecer a todos um idiota; qual era o sentido? Você se apressou tanto e se preocupou tanto, e esse é o resultado.

Já contei a vocês uma das histórias de Rabindranath Tagore. É uma canção. A história diz, na canção: "Procurei por Deus durante séculos. Às vezes ele estava perto da lua; mas, quando cheguei lá, ele havia se mudado para algum outro astro. Eu o vi num outro astro; mas, quando cheguei lá, ele havia se mudado de novo. Foi assim muitas vezes, mas havia uma grande alegria por ele estar lá, e um dia eu vou encontrá-lo. Por quanto tempo ele pode se esconder? Por quanto tempo ele pode fugir?

"E certa vez, um dia, cheguei a uma casa onde havia uma tábua, dizendo que aquela era a casa de Deus. Senti um grande alívio, porque o meu destino estava cumprido. Subi os degraus e estava prestes a bater à porta quando percebi: 'Espere; pense duas vezes! O que você vai fazer se Deus vier e abrir a porta? O que você vai fazer depois?'"

Sua vida inteira tem sido uma jornada, uma peregrinação, encontrar, procurar. Você vem sendo treinado para correr há milhões de anos, e, de repente, você encontra Deus e não tem nada para dizer. O que você vai dizer?

Você já pensou que, se encontrar Deus por acaso, nem você nem ele terão nada para dizer? Você se sobrecarregou desnecessariamente, você se arruinou. Destino final significa morte definitiva.

O mestre zen Ikkyu está certo ao dizer: "Nenhum destino final, nada que tenha valor" — tudo é apenas para aproveitar e dançar e cantar. Mas não pergunte sobre valor; não pergunte o que é virtude e o que é bom. Alegre-se com tudo, e prossiga em diferentes peregrinações sabendo perfeitamente bem que a vida não vai acabar em lugar nenhum; a viagem vai continuar, a caravana vai continuar. Não há um lugar onde a estrada termine.

❦

Um dia desses eu li: "O americano médio gasta 1.500 horas por ano para dirigir cerca de sete mil milhas e ganhar o capital necessário para pagar o reboque, a garagem e o estacionamento do veículo e os pedágios. Para cada hora de vida que investiu, ele percorre apenas cinco milhas com seu carro.

"Em países onde há poucas estradas, os cidadãos percorrem essas distâncias a pé. A diferença entre os americanos e esses povos atrasados e não industrializados é que os americanos passam 25% do tempo, a cada dia, preocupados em como ir para lá e para cá, e os cidadãos pedestres de outras terras, apenas 5%."

Mas esse grande esforço para chegar lá rapidamente, com velocidade, só criou problemas. É ridículo que as pessoas de países atrasados gastem apenas 5% do tempo para ir ao trabalho e voltar para casa, e os americanos gastem 25% — com todas as técnicas modernas, veículos velozes. É ridículo! Qual é o sentido de tudo isso? E é assim por causa da velocidade — você precisa chegar rápido.

Primeiro, não há onde chegar. Segundo, não há necessidade de tanta pressa. Tenha uma viagem de prazer. Deixe que esta vida seja uma jornada alegre para lugar nenhum — do nada para lugar nenhum. Você vem do nada e vai para lugar nenhum. No meio, você existe. Você vem do nada, e desaparece no nada. No meio, há o lampejo do ser. Aproveite enquanto ele existe. Celebre-o. Não o destrua chegando a algum lugar; não há onde chegar. E, mais importante, não há ninguém, lá dentro, para chegar. O viajante não existe, o viajante é um mito. A peregrinação é verdadeira, mas o peregrino é falso.

9 de Fogo/Ação: Exaustão

Se você quer ser infeliz, faça muitas coisas. Se quer ser feliz, deixe que as coisas aconteçam. Descanse, relaxe e entre no espírito de deixar acontecer.

Você não precisa fazer nada para ser feliz. Na verdade, você já fez demais para ficar infeliz. Se quiser ser infeliz, faça muitas coisas. Se quiser ser feliz, deixe que as coisas aconteçam. Descanse, relaxe e entre no espírito de deixar acontecer.

Deixar acontecer é o segredo da vida. Se você está no espírito de deixar acontecer, muitas coisas, milhões de coisas, começam a ocorrer. Elas já estavam acontecendo, mas você nunca tomou consciência. Você não podia tomar consciência; estava comprometido com alguma outra coisa, estava ocupado.

Os pássaros vão cantando. As árvores vão dando flores. Os rios vão correndo. O todo está acontecendo continuamente, e o todo é muito psicodélico, muito colorido, com infinitas celebrações ocorrendo. Mas você está tão comprometido, tão ocupado, tão fechado, sem uma janela sequer aberta, sem ventilação. Nenhum raio de sol consegue penetrar em você, nenhuma brisa consegue soprar; você está tão sólido, tão fechado como o que Leibniz denominava "mônada". Você é uma mônada. Mônada significa algo sem nenhuma janela, sem nenhuma abertura, com todas as possibilidades de abertura fechadas. Como você pode ser feliz? Como você, tão fechado, pode participar dos mistérios que há em toda parte? Como pode participar do divino? Precisa sair. Você precisa abandonar esse cerco, essa prisão.

Para onde você está indo? E você pensa que, no futuro, há em algum lugar um alvo a atingir? A vida já está aqui! Por que esperar pelo futuro? Por que adiar para o futuro? O adiamento é suicida. A vida é lenta; é por isso que você é incapaz de senti-la. É muito lenta, e você é insensível; o adiamento, por outro lado, é o único veneno. Você se mata aos poucos. Vai adiando — e vai perdendo a vida que está aqui e agora.

❦

É facílimo ser ativo, é facílimo ser inativo. Existem pessoas que são ativas, continuamente ativas, sem descanso, dia após dia. Foi isso que aconteceu no Ocidente: as pessoas ficaram hiperativas. Elas não conseguem se sentar e descansar nem por um momento. Mesmo sentadas em suas cadeiras bonitas e confortáveis, elas ficam se remexendo, mudando de postura. Não conseguem repousar. Sua vida inteira é um tumulto; elas precisam de alguma coisa para manterem-se ocupadas. Estão indo à loucura de tanta atividade.

No Oriente, as pessoas ficaram muito mais inativas, preguiçosas. Estão morrendo por causa da preguiça. São pobres por causa da preguiça. Condenam o mundo inteiro, como se fossem pobres por causa do mundo, por causa dos outros. São pobres porque são preguiçosas, absolutamente preguiçosas. São pobres porque a ação desapareceu completamente — como poderão ser produtivas? Como poderão ser ricas? E não que elas sejam pobres porque tenham sido exploradas; mesmo que você distribua todo o dinheiro dos ricos da Índia, a pobreza não vai desaparecer. Todos os ricos vão ficar pobres, isso é verdade, mas nenhum pobre vai enriquecer. A pobreza está lá, firmemente enraizada, por causa da inação. E é muito fácil escolher um dos pólos: a ação é masculina, a inação é feminina.

É preciso fazer, mas sem se tornar um fazedor. É preciso fazer quase como se funcionássemos como instrumentos de Deus. É preciso fazer e permanecer desprovido de ego. Aja, reaja, mas não fique agitado. Quando a ação está completa, quando você reagiu adequadamente, vá descansar. Trabalhe quando é preciso trabalhar, divirta-se quando é preciso divertir-se. Descanse, deite-se na praia, quando você já tiver trabalhado e se divertido. Quando estiver deitado na praia, tomando sol, não pense em trabalho — não pense no escritório, não pense nos seus arquivos.

Esqueça-se do mundo. Ao deitar-se ao sol, deite-se ao sol. Aproveite. Isso só é possível quando você aprende o segredo da ação por meio da inação. E depois, no escritório, faça tudo o que for necessário. Na fábrica, faça tudo o que for necessário, mas, mesmo enquanto estiver fazendo, continue sendo um observador: lá no fundo, em profundo repouso, inteiramente centrado; a periferia se move como uma roda, mas o centro é o olho do furacão. Nada se move no centro. Esse é o homem perfeito: a alma repousa, o centro está absolutamente tranqüilo, e a periferia está em ação, fazendo as mil e uma coisa do mundo. É por isso que eu digo: não saia do mundo, permaneça no mundo. Aja no mundo, faça tudo o que for preciso, e mesmo assim continue transcendente, distante, desapegado, desinteressado, uma flor de lótus na lagoa.

10 de Fogo/Ação: Repressão

Você vai jogando no inconsciente todo o lixo rejeitado pela sociedade — mas lembre-se: tudo o que você joga ali fica sendo cada vez mais parte de você; entra nas suas mãos, nos seus ossos, no seu sangue, na batida do seu coração.

Com a repressão, a mente se divide. A parte que você aceita se torna o consciente, a parte que você renega se torna o inconsciente. Essa divisão não é natural, ela ocorre por causa da repressão. E você vai jogando no inconsciente todo o lixo rejeitado pela sociedade — mas lembre-se: tudo o que você joga ali se torna cada vez mais parte de você; entra nas suas mãos, nos seus ossos, no seu sangue, na batida do seu coração. Hoje os psicólogos dizem que quase 18% das doenças são causadas por emoções reprimidas. O grande número de casos de doenças cardíacas significa que muita raiva é reprimida no coração; é tanto ódio que o coração é envenenado.

Por quê? Por que o homem reprime tanto e adoece? Porque a sociedade nos ensina a controlar, e não a transformar; o caminho da transformação é totalmente diferente. Antes de mais nada, não consiste absolutamente em controlar; é exatamente o oposto.

Primeira coisa: ao controlar você reprime, ao transformar você expressa. Mas não é necessário expressar para outra pessoa, porque a "outra pessoa" é simplesmente irrelevante. Da próxima vez que você sentir raiva, saia e corra sete voltas em torno da casa e, depois disso, sente-se ao pé de uma árvore e observe como a raiva passou. Você não a reprimiu, não a controlou, não a jogou em outra pessoa — porque, se você a jogar em outra pessoa, criará uma corrente, pois o outro é tão tolo quanto você, tão inconsciente quanto você. Se você a jogar em outro, e o outro for uma pessoa iluminada, não haverá problema; ele vai ajudar você a jogar e liberar e ter uma catarse. Mas o outro é tão ignorante quanto você — se você jogar a raiva nele, ele vai reagir. Ele vai jogar em você mais raiva; ele é tão reprimido quanto você. Então vem a corrente: você joga nele, ele joga em você, e vocês dois se tornam inimigos.

Não jogue em ninguém. É como quando você tem vontade de vomitar: você não sai vomitando em alguém. A raiva precisa de um vômito.

Você vai ao banheiro e vomita! Isso purifica todo o corpo — se você reprime o vômito, é perigoso, mas depois que você vomita você se sente novo, aliviado, leve, bem-disposto, saudável. Havia algo de errado com o que você comeu, e o corpo o rejeitou. Não o force para dentro.

A raiva é simplesmente um vômito mental. Havia algo de errado com o que você assimilou, e todo o seu ser psíquico quer lançá-lo para fora, mas não é preciso lançá-lo sobre alguém. Como as pessoas lançam a raiva umas sobre as outras, a sociedade lhes diz para controlar.

Não é preciso jogar a raiva em ninguém. Você pode ir ao banheiro, pode dar uma longa caminhada — significa que existe alguma coisa por dentro que precisa de uma atitude rápida para ser liberada. Corra um pouco, e você vai sentir que foi liberado; ou pegue um travesseiro e bata nele, lute com ele e morda-o até que suas mãos e seus dentes relaxem. Depois de uma catarse de cinco minutos, você vai se sentir aliviado, e, ao perceber isso, nunca mais vai jogar sua raiva em ninguém, porque isso é absolutamente tolo.

A primeira coisa da transformação, portanto, é expressar a raiva, mas não para alguém, porque, se expressar para alguém, você não poderá expressar totalmente. Você talvez queira matar, mas não será possível; talvez queira morder, mas não será possível. Pode-se fazer isso, porém, com um travesseiro. Um travesseiro significa um "já iluminado"; o travesseiro é um iluminado, um buda. O travesseiro não vai reagir nem vai processá-lo, nem vai ser seu inimigo, ele não vai fazer nada. O travesseiro ficará feliz, e vai rir de você.

A segunda coisa a lembrar: esteja consciente. Para controlar, não é preciso consciência; você simplesmente o faz de modo mecânico, como um robô. Vem a raiva, e um mecanismo é detonado — de repente, todo o seu ser fica estreito e fechado. Se você estiver atento, o controle pode não ser tão fácil.

A sociedade nunca ensina você a ficar atento, porque, quando alguém está atento, está totalmente aberto. Isso faz parte da consciência — se a pessoa está aberta e quer reprimir alguma coisa estando aberta, é contraditório: pode sair para fora. A sociedade ensina você a se fechar em si mesmo, a cavar um buraco para si mesmo — a não permitir nem mesmo uma pequena janela para que nada saia.

Mas lembre-se: quando nada sai, nada entra também. Quando a raiva não consegue sair, você se fecha. Você encontra uma pedra bonita, e nada entra; você olha para uma flor, e nada entra: seus olhos estão mortos, fechados. Você beija alguém — nada entra, porque você está fechado. Você vive uma vida insensível.

A sensibilidade cresce com a consciência. Com o controle, você fica embotado, morto — isso faz parte do mecanismo do controle: se você está embotado, morto, nada afeta você, é como se o corpo se tornasse uma fortaleza, uma defesa. Nada afeta você: nem a ofensa, nem o amor.

Mas esse controle tem um preço muito alto, um preço desnecessário; ele se torna, assim, todo o esforço da vida: como se controlar — e depois morrer! Todo o esforço para controlar consume toda a sua energia, e depois você simplesmente morre. E a vida se torna uma coisa embotada, morta; você, de certo modo, a carrega.

A consciência é necessária, e não uma condenação — e por meio da consciência a transformação ocorre espontaneamente.

O NAIPE DE ÁGUA (COPAS)

Sentimentos — O Coração — Emoção

Saber é cerebral; sentir é total. Ao sentir, você não sente apenas com a cabeça, não sente apenas com o coração, não sente apenas com as entranhas; você sente com cada fibra do seu ser. Sentir é total, sentir é orgástico, sentir é orgânico.

Sentimentos

Quando sente, você funciona como uma totalidade. Quando pensa, você funciona como uma cabeça. Quando é sentimental, você funciona apenas como um coração. Lembre-se: sentimentalidade não é sentimento; emotividade não é sentimento. Ao pensar, você é uma cabeça — simplesmente uma parte fingindo ser o todo. É claro que isso é falso. Essa perspectiva é falsa. Ao ser emocional, sentimental, você é o coração — mais uma vez, outra parte fingindo ser o todo, outro servo fingindo ser o mestre. Mais uma vez, é falso.

O sentir pertence ao todo — do corpo, da mente, da alma. O sentir não conhece divisões; o sentir é indivisível. Ao sentir, você funciona como uma totalidade. Ao funcionar como uma totalidade, você funciona em sintonia com a totalidade. Vou repetir: ao funcionar como uma totalidade, você funciona em sintonia com a totalidade. Ao funcionar como parte, você se separa; deixa de estar em sintonia com o todo.

Quando você deixa de estar em sintonia com o todo, tudo o que você pensa que sabe é falso, ilusório. Quando está em sintonia com o todo, você sabe que não sabe nada. Mas até mesmo esse "não-saber" é um saber — é um sentimento, é um caso de amor com o todo.

O Coração

O coração não conhece a linguagem negativa. O coração nunca pergunta: "O que é a beleza?" Ele a desfruta, e, ao desfrutá-la, sabe o que ela é. Ele não é capaz de defini-la, não é capaz de explicá-la a si mesmo, porque a experiência é de uma natureza inexplicável, inexprimível. A linguagem não é adequada; nenhum símbolo serve. O coração conhece o que é o amor, mas não pergunte a ele. A mente conhece apenas perguntas, e o coração conhece apenas respostas. A mente continua perguntando, mas não é capaz de responder.

Por isso a filosofia não tem respostas... são perguntas e mais perguntas. Cada pergunta se torna, aos poucos mil e uma perguntas. O coração não tem nenhuma pergunta — esse é um dos mistérios da vida — e tem todas as respostas. Mas a mente não ouve o coração; não há comunhão entre os dois, não há comunicação, porque o coração conhece apenas a linguagem do silêncio. Nenhuma outra linguagem é conhecida do coração, nenhuma outra linguagem é compreendida pelo coração — e a mente não conhece nada do silêncio. A mente é só barulho; uma história contada por um idiota, cheia de som e fúria, significando nada.

O coração sabe o que é significado. O coração conhece a glória da vida, a enorme alegria da pura existência. O coração é capaz de celebrar, mas nunca pergunta. A mente, por isso, pensa que o coração é cego. A mente está cheia de dúvidas, o coração está cheio de confiança; são pólos opostos.

Mas lembre-se: o positivo está ligado ao negativo; são dois lados do mesmo fenômeno.

Eu não estou aqui para ensinar a você os caminhos do coração. Sim, eu faço uso deles, mas apenas como instrumento: para retirá-lo da sua mente, eu uso o coração como veículo; para levá-lo à outra margem, eu uso o coração como barco. Depois que você atinge a outra margem, o barco deve ser deixado para trás; não se imagina você carregando o barco sobre a cabeça.

O objetivo é ir além da dualidade. O objetivo é ir além tanto do não como do sim, porque o seu sim só pode ter significado no contexto do não; ele não pode se livrar do não. Se estiver livre do não, que significado terá? O seu sim só pode existir com o não, lembre-se; e o seu não também só pode existir com o sim. São pólos opostos, mas cooperam um com o outro de maneira sutil. Há uma conspiração: eles se dão as mãos, apóiam um ao outro, porque não podem existir separadamente. O sim tem sentido apenas por causa do não; o não tem sentido apenas por causa do sim. E você deve ir além dessa conspiração, deve ir além dessa dualidade.

Emoções

Será possível, um dia, que a cabeça e o coração se juntem, ou eles vão continuar separados para sempre? Tudo depende de você, porque os dois são mecanismos. Você não é nem a cabeça, nem o coração. Você pode caminhar com a cabeça, você pode caminhar com o coração. É claro que você vai chegar a lugares diferentes, porque as direções da cabeça e do coração são diametralmente opostas.

A cabeça se perde pensando, meditando, filosofando; ela conhece apenas palavras, lógica, argumentação. Mas ela é muito estéril; você não conseguirá coisa alguma com a cabeça no que se refere à verdade, porque a verdade não depende de nenhuma lógica, de nenhuma argumentação, de nenhuma pesquisa filosófica. A verdade é muito simples; a cabeça a torna muito complexa. Através dos séculos, os filósofos têm procurado e pesquisado a verdade por meio da cabeça. Nenhum deles encontrou nada, mas eles criaram grandes sistemas de pensamento. Examinei todos esses sistemas: não existe conclusão.

O coração também é um mecanismo — diferente da cabeça. Pode-se chamar a cabeça de instrumento lógico; pode-se chamar o coração de instrumento emocional. A partir da cabeça são criadas todas as filosofias e teologias; do coração vêm todos os tipos de devoção, prece, sentimentalidade. Mas o coração também se perde em emoções.

A palavra "emoção" é boa. Observe... ela é composta de "moção", "movimento". Portanto, o coração se move, mas ele é cego. Move-se rapidamente, velozmente, porque não há motivo para esperar. Não precisa pensar e, por isso, pula em qualquer coisa. Mas a verdade não pode ser encontrada por emotividade nenhuma. A emoção é uma barreira tão grande quanto a lógica.

A lógica é o seu lado masculino; o coração é o seu lado feminino. Mas a verdade nada tem a ver com masculino e feminino. A verdade é a sua consciência. Você pode observar a cabeça pensando, você pode observar o coração palpitando de emoção. Eles podem ter uma certa relação entre si...

De modo geral, a sociedade convencionou que a cabeça deve ser o senhor e o coração deve ser o servo, porque a sociedade é uma criação da mente do homem, da sua psicologia, e o coração é feminino. Assim como o homem escravizou a mulher, a cabeça escravizou o coração.

Nós podemos reverter a situação: o coração pode tornar-se o senhor, a cabeça pode tornar-se o servo. Se nós escolhermos um dos dois, se formos obrigados a escolher um dos dois, é melhor que o coração seja o senhor e a cabeça seja o servo.

Há coisas de que o coração é incapaz. Exatamente o mesmo vale para a cabeça. A cabeça é incapaz de amar, é incapaz de sentir, é insensível. O coração é incapaz de ser racional, de ser razoável. Há muito tempo eles estão em conflito. Esse conflito apenas representa o conflito e a luta entre homens e mulheres.

Quando um homem fala com sua mulher, ele sabe que é impossível falar, é impossível argumentar, é impossível chegar a uma decisão justa, porque a mulher funciona por meio do coração. Ela salta de uma coisa para outra sem se importar se existe alguma relação entre as duas. Ela não consegue argumentar, mas consegue chorar. Não consegue ser racional, mas consegue gritar. Não consegue cooperar para chegar a uma conclusão. O coração não é capaz de compreender a linguagem da cabeça.

A diferença não é tanto de ordem fisiológica; o coração e a cabeça estão a apenas algumas polegadas de distância. Mas, no que se refere aos seus traços existenciais, são pólos opostos.

Minha via foi descrita como a via do coração, mas isso não é verdade. O coração lhe proporciona todo tipo de imaginação, de alucinação, de ilusão, de sonhos bons — mas não é capaz de lhe proporcionar a verdade. A verdade está por trás de ambos; ela está na sua consciência, que não é cabeça nem coração. Apenas por ser distinta de ambos, a consciência é capaz de usar a ambos em harmonia. A cabeça é perigosa para alguns assuntos, porque ela tem olhos, mas não tem pernas — é aleijada.

O coração pode funcionar em certas dimensões. Ele não tem olhos, mas tem pernas; é cego, mas capaz de mover-se incrivelmente, com grande velocidade — sem saber, é claro, para onde vai. Não é por mera coincidência que, em todas as línguas do mundo, o amor seja chamado de cego. Não é o amor que é cego; é o coração que não tem olhos.

À medida que a sua meditação se aprofunda, à medida que sua identificação com a cabeça e o coração começa a ceder, você se descobre se transformando num triângulo. E a sua realidade está na terceira força que existe em você: a consciência. A consciência é capaz de controlar com muita facilidade, porque ambos, o coração e a cabeça, pertencem a ela.

A pessoa consciente adota a cabeça como servo e o coração como senhor. Mas atualmente, e nos últimos séculos, o que tem acontecido é exatamente o oposto: o servo se tornou senhor. E o senhor é tão polido, tão cavalheiro que não se defendeu; ele aceitou a escravidão voluntariamente. O resultado é a loucura deste mundo.

Nós precisamos mudar a própria alquimia da humanidade. Precisamos rearranjar todo o interior do homem. E a revolução mais importante da humanidade virá quando o coração decidir os valores. Ele não é capaz de decidir pela guerra, não é capaz de ser a favor das armas nucleares; ele não é capaz de se inclinar para a morte. O coração é a seiva da vida. Quando a cabeça está a serviço do coração, ela deve fazer o que o coração decidir. E a cabeça é totalmente capaz de fazer qualquer coisa, bastando a orientação correta; do contrário, ela enfurece, enlouquece. Para a cabeça, não existem valores. Para a cabeça, nada faz sentido. Não há amor, não há beleza, não há graça — apenas raciocínio.

Mas esse milagre só é possível se você se desidentifica de ambos. Observe os pensamentos, pois, quando você os observa, eles desaparecem. Observe, então, as suas emoções, as suas sentimentalidades; quando você as observa, elas também desaparecem. O coração, então, fica tão inocente quanto o de uma criança, e a cabeça se torna um gênio tão grande quanto Albert Einstein, Bertrand Russell, Aristóteles.

Rei de Água: A Cura

A CURA

Tome consciência da sua ferida. Não deixe que piore; cure-a; e ela só será curada quando você se voltar para as raízes. Vá até as raízes, seja uma coisa só com o todo.

Todo mundo nasce para permanecer saudável e feliz. Todo mundo busca saúde e felicidade, mas, em algum lugar, falta alguma coisa, e todo mundo fica infeliz. A infelicidade deveria ser uma exceção; tornou-se a regra. A felicidade deveria ser a regra; tornou-se a exceção. Eu gostaria de um mundo em que nascessem budas, mas ninguém se lembrasse deles, porque eles seriam a regra. Agora, Buda é lembrado, Cristo é lembrado, Lao-tsé é lembrado, porque são exceções. Se não fossem, quem se importaria com eles? Se existisse um buda em cada casa, e existissem budas por toda parte na cidade, e você pudesse encontrar Lao-tsé em qualquer lugar, quem se importaria? Seria, então, a regra elementar. Deveria ser.

Lao-tsé diz: "Quando o mundo era realmente moral, não era possível tornar-se santo." Quando o mundo era realmente religioso, não havia nenhuma necessidade de religião. As pessoas eram simplesmente religiosas; as religiões não eram necessárias. Quando havia uma ordem, uma disciplina, uma ordem e uma disciplina *naturais*, as palavras "ordem" e "disciplina" não existiam. A idéia de ordem surge apenas quando há desordem. As pessoas começam a falar em disciplina quando não há disciplina, e começam a falar em cura quando a doença aparece. As pessoas falam sobre o amor quando o amor faz falta. Mas, basicamente, a terapia é uma função do amor.

Jamais olhe para um paciente como paciente. Olhe para ele como se tivesse vindo aprender alguma coisa — como um discípulo. Ajude-o, mas não como especialista; ajude-o como ser humano, e haverá mais cura. Haverá menos terapia e mais cura. Do contrário, a terapia vai continuar por anos e anos sem fim, e o resultado será quase nulo. Ou, por vezes, o resultado será até mesmo prejudicial.

A palavra "meditação" e a palavra "medicina" vêm da mesma raiz. Medicina quer dizer aquilo que cura o físico, e meditação quer dizer aquilo que cura o espírito. Ambas são forças curativas.

Outra coisa a lembrar: em inglês a palavra *healing* [cura] e a palavra *whole* [inteiro] também derivam da mesma raiz. Ser curado [*healed*] significa simplesmente estar inteiro [*whole*], sem faltar nada. Outra conotação do termo — a palavra *holy* [santo] — também deriva da mesma raiz. "Cura", "inteiro" e "santo" não são diferentes em sua raiz.

A meditação cura, torna você inteiro; e estar inteiro é ser santo. A santidade nada tem a ver com fazer parte de religião alguma, como fazer parte de uma igreja. Significa simplesmente que, por dentro, você é inteiro, completo; nada está faltando, você está pleno. Você é o que a existência queria que você fosse. Você realizou o seu potencial.

Rainha de Água: Receptividade

É preciso tornar-se feminino. É preciso ser receptivo, e não agressivo. É preciso aprender a arte do relaxamento, e não as estratégias de conquista do mundo e da realidade.

A inatividade é negativa, a receptividade é positiva. As duas são parecidas, assemelham-se muito. Você precisa de olhos muito penetrantes para ver a diferença entre o inativo e o receptivo. O receptivo é dar boas-vindas, é esperar; há nele uma prece. A receptividade é um anfitrião, é um ventre. A inatividade é simplesmente embotamento, morte, desesperança. Não há nada a esperar, nada com que contar, nada jamais vai acontecer. É cair em letargia, é cair numa espécie de indiferença. E tanto a indiferença quanto a letargia são venenos.

Mas a mesma coisa que se transforma em indiferença pode se transformar em desapego, e nesse caso tem um sabor totalmente diferente. A indiferença se parece com o desapego, mas não é; indiferença é simplesmente falta de interesse. O desapego não é ausência de interesse —

o desapego é o interesse absoluto, um enorme interesse, mas ainda com a capacidade de não se apegar. Aproveitar o momento enquanto ele está lá, e, quando o momento começar a desaparecer, como tudo está fadado a desaparecer, deixá-lo. Isso é desapego.

A letargia é um estado negativo. Ali, deitada, a pessoa parece um monte de lama — nenhuma possibilidade de crescimento, nenhuma exuberância, nenhum florescimento. Mas a mesma energia pode tornar-se um reservatório, um grande reservatório de energia — não indo a lugar nenhum, não fazendo nada, mas acumulando cada vez mais energia.

E os cientistas dizem que chega um ponto em que a mudança de quantidade se torna uma mudança de qualidade. A cem graus de calor, a água evapora. A 99 graus ela ainda não evaporou; a 99,9 graus ela ainda não evaporou. Mas basta 0,1 grau a mais, e a água dá um salto quântico.

A feminilidade positiva não é como a letargia, é como um enorme reservatório de energia. E a energia, na medida em que é reunida e acumulada, passa por várias mudanças qualitativas.

Cavaleiro de Água: Confiança

Confiança é o sim: é saber que esta existência é nossa mãe, que a natureza é nossa fonte — não pode estar contra nós, não pode ser nossa inimiga. Quando enxergamos isso, quando compreendemos isso, nasce a confiança.

Abandone a sua dúvida, o seu pensamento, a sua mente: dê um salto, um mergulho no todo. Confie no todo. Esse é o segredo dos segredos. E essa única chave abre todas as portas do paraíso.

Lembrem-se disso. Muitos de vocês vão enveredar por esse caminho, porque ele é o mais simples, o mais fácil — e também o mais majestoso e também o mais mágico. Os outros dois caminhos são secos. O caminho do amor é todo verde — não é como um deserto, é um jardim. Há pássaros cantando e flores desabrochando e brisas soprando. Você pode percorrê-lo dançando — portanto, por que percorrê-lo sério? Você pode percorrê-lo rindo — por que percorrê-lo sério?

Se você puder escolher o caminho do amor, escolha-o. Se isso for impossível, só então escolha o segundo — o caminho do conhecimento, da consciência. Ou, se você não puder escolher nem esse, só então escolha o caminho da ação — que é o mais difícil e o mais desértico.

Através dos séculos, daqueles que atingiram a meta, quase 90% foram peregrinos do amor. Nove por cento foram peregrinos do conhecimento, e apenas 1% foram peregrinos da ação.

Confie. Que essa única palavra seja toda a sua Bíblia, seu Alcorão, seu Veda. Ela pode transformar você. É uma chave-mestra — abre todas as portas.

❦

Lembre-se: é preciso dar o salto, mesmo com a dúvida. Se você esperar até que a dúvida desista primeiro, nunca chegará a hora de dar o salto, porque a dúvida é um processo que engendra a si próprio. Uma dúvida cria outra, que cria outra ainda. E o mesmo acontece com a fé — uma fé cria outra, que cria outra... então se cria uma corrente. Quando você começa, há sempre uma hesitação. Ninguém consegue começar com certeza total, porque, se fosse assim, não haveria necessidade de nada disso. É preciso começar com dúvida, mas não dê muita atenção à dúvida; dê atenção à confiança. Assim a energia se desloca para a confiança, e a confiança se torna uma corrente. Aos poucos, a energia da dúvida é absorvida pela energia da confiança.

Você sempre esteve aqui, mas falhou muitas vezes. Por quê? A razão é sempre a mesma — você é incapaz de confiar. Você continua encontrando argumentos contra dar o salto; e existem infinitas possibilidades de continuar encontrando argumentos, de novo e de novo e de novo. Como você alimentou uma vez a dúvida, ela assumiu um desenvolvimento canceroso — e assim perpetua a si mesma, sem precisar de ajuda. É um desenvolvimento canceroso; prossegue indefinidamente e cresce cada vez mais. O mesmo acontece com a confiança.

Portanto, lembre-se: não é uma questão de "quando não houver mais dúvida, então eu vou confiar". Isso é impossível; esse momento nunca vai chegar. Você precisa confiar enquanto a dúvida está presente. E repare na beleza disso, de ser capaz de confiar enquanto a dúvida está presente — é assim que é a mente humana: frágil, fraca, dividida; você deve confiar enquanto a dúvida está presente. Ser capaz de confiar enquanto a dúvida está presente, significa que você dá mais atenção à confiança do que à dúvida; você é indiferente à dúvida, toda a sua atenção está voltada para a confiança. Até que um dia a dúvida desaparece, porque, quando não dá atenção a ela, você não a alimenta — atenção é alimento. Quando você não dá atenção, a dúvida não consegue persistir em sua corrente.

Valete de Água: Compreensão

Na Compreensão Verdadeira, Você É Livre.

Você só é capaz de compreender na medida em que vivenciou; a compreensão nunca vai além da experiência. As palavras você pode acumular; você pode vir a ser um erudito, um grande erudito. E vai cair, outra vez, num novo tipo de ilusão: a ilusão de que a informação cria. Quanto mais informação você tem, mais você começa a achar que sabe.

Supõe-se que informação seja sinônimo de saber — não é. Saber é um assunto completamente diferente. Saber é vivenciar; a informação apenas se acumula no sistema de memória. Um computador consegue fazê-lo, não há nada de especial nisso; não há nada de especialmente humano nisso.

Um dia, duas ratazanas entraram num cinema e foram direto para a sala de projeções. Lá dentro, comeram todo o rolo do filme. Depois de comer, um rato olhou para o outro e perguntou: "Gostou do filme?"

Ao que o outro respondeu: "Não; gostei mais do livro."

Esses são os eruditos — os ratos! Eles vão comendo palavras, vão acumulando palavras. Podem acumular montanhas de palavras, e conseguem articulá-las muito bem. São capazes de enganar os outros; isso não é tão ruim, porque eles só conseguem enganar aqueles que já estão enganados; não é possível causar muito mais mal a essas pessoas. Mas, por enganar os outros, eles começam, muito lentamente, a enganar a si próprios, e esse é o maior problema.

Quando a cabeça compreende, ela pergunta: "Como? Sim, isso *está* certo; agora, como pode ser feito?" Lembre-se dessa diferença: na cabeça, conhecimento e ação são duas coisas diferentes; no coração, conhecimento *é* ação.

Sócrates disse: "Conhecimento é virtude" — e ele não foi compreendido através dos tempos. Nem mesmo seus próprios discípulos, Platão e Aristóteles, o compreenderam corretamente. Quando diz que conhecimento é virtude, ele quer dizer que existe um modo de escutar e compreender segundo o qual, no momento em que você compreende uma coisa, não consegue mais agir de outra maneira. Quando você vê que essa é a porta, não vai mais tentar sair pela parede, vai sair pela porta. Ver significa agir, ver produz ação.

Se eu lhe digo: "Essa é a porta. Sempre que você quiser sair, por favor, saia por essa porta, porque você já machucou o suficiente a cabeça tentando sair pela parede", e você diz: "Sim, senhor, eu compreendo perfeitamente bem, mas como sair pela porta?", a sua pergunta demonstra que o coração não ouviu, só a cabeça. A cabeça sempre pergunta: "Como?"

A cabeça sempre formula perguntas que parecem, à primeira vista, muito pertinentes, mas que são absolutamente ridículas. O coração nunca pergunta — ele ouve e age. Ouvir e agir são uma coisa só no coração; o amor sabe, e age de acordo com o que sabe. Ele nunca pergunta: "Como?" O coração tem uma inteligência própria. Ele é intelectual, é inteligência.

Um pouquinho, apenas, de compreensão pode causar uma tremenda revolução em sua vida. Todas as sementes são pequenas — as árvores podem crescer até as alturas, quase tocando as estrelas, mas as sementes são bem pequenas. Isso é apenas uma semente que foi lançada no seu coração; agora deixe que ela cresça. Dê-lhe alimento, sustente-a, remova todos os obstáculos do caminho; e uma pequena semente, que não parece nada de especial neste momento, pode produzir milhares de flores.

Ás de Água/Emoções: Indo com a Correnteza

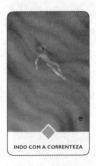
INDO COM A CORRENTEZA

Confiar significa que você não está lutando; render-se significa que você não pensa na vida como inimiga, mas como amiga. Quando você confia no rio, subitamente começa a desfrutar.

Você nada na água — vai até o rio e nada. O que você faz? Confia na água. Um bom nadador confia tanto que quase se une ao rio. Ele não luta, ele não prende a água, ele não fica rígido nem tenso.

Se fica rígido e tenso, você afunda; se relaxa, o rio cuida de você.

É por isso que, sempre que alguém morre, o corpo morto flutua na água. É um milagre. Incrível! O vivo afundou e morreu no rio, e o morto simplesmente flutua na superfície. O que aconteceu? O morto conhece algum segredo do rio que o vivo não conhecia. O vivo lutou. O rio era o inimigo. Ele teve medo, não foi capaz de confiar. Mas o morto, sem estar ali, como poderia lutar? O morto está totalmente relaxado, sem nenhuma tensão — de repente, o corpo vem à tona. O rio cuida. Nenhum rio consegue afundar um morto.

Confiar significa que você não está lutando; render-se significa que você não pensa na vida como inimiga, mas como amiga. Quando você confia no rio, subitamente começa a desfrutar. Surge um enorme deleite: espirrar água, nadar ou simplesmente flutuar, mergulhar fundo. Mas você não se separa do rio; você se funde, se une.

Render-se significa viver do mesmo modo, na vida, como um bom nadador nada no rio. A vida é um rio. Você pode lutar ou flutuar; você pode empurrar o rio e tentar ir contra a corrente, ou flutuar com o rio e ir para onde quer que ele o leve. Não é render-se a alguém; é simplesmente um modo de vida.

A água não é agressiva; ela nunca luta — ela avança sem lutar. É da água que os chineses e japoneses aprenderam a arte secreta do judô ou do jiu-jitsu. Vencer sem lutar, conquistar rendendo-se — *wei-wu-wei*.

Aprenda uma coisa com a água: ela encontra grandes barreiras de pedra, barreiras de granito. Ela não luta, ela continua fluindo silenciosamente. Quando a pedra é grande demais, a água descobre outro caminho e a contorna. Mas, bem lentamente, o granito se dissolve na água, torna-se areia. Pergunte às areias do oceano de onde elas vêm. Elas vêm das montanhas. Elas vão lhe contar um grande segredo: "A água vence no final. E nós éramos duras, e sabíamos... 'Como pode a água vencer?' Por isso nós éramos muito, muito estáveis. Não éramos capazes de acreditar que essa pobre água, tão suave, inofensiva, indolor, não violenta... como poderia nos destruir? Mas nos destruiu."

É a beleza da energia feminina. Não seja como uma pedra! Seja como a água — suave, feminina.

2 de Água/Emoções: Amistosidade

AMISTOSIDADE

Antes de criar amizades, crie uma disposição amistosa. Deixe que ela se torne uma qualidade do seu ser, uma atmosfera que o cerca, de modo que você seja amigável com qualquer pessoa com quem entrar em contato.

Você sabe o que é amizade? É a mais elevada forma de amor. No amor, fatalmente há algum desejo; na amizade, todo o desejo desaparece. Na amizade, não resta nada de grosseiro; ela se torna absolutamente sutil.

Não se trata de usar o outro, não se trata sequer de precisar do outro; trata-se de compartilhar. Você tem muito e gostaria de compartilhar. E, a quem quer que esteja disposto a compartilhar com você da sua alegria, da sua dança, da sua música, você ficará grato, você se sentirá obrigado. Não que ele esteja obrigado em relação a você, não que ele deva sentir-se grato a você, por ter lhe dado tanto. Um amigo nunca pensa dessa maneira. Um amigo sempre se sente grato àquelas pessoas que permitem a ele amá-las, dar a elas o que quer que ele tenha.

Amor é ganância. Você ficará surpreso ao saber que a palavra inglesa *love* [amor] vem de uma palavra sânscrita, *lobh*; *lobh* quer dizer "ganância". Como *lobh* se tornou *love*, é uma história estranha. Em sânscrito, é "ganância"; a raiz original quer dizer "ganância". E o amor, do modo como o conhecemos, não passa de ganância mascarada de amor — ganância às ocultas.

Fazer amizades com a idéia de usar as pessoas é caminhar em falso desde o começo. A amizade deve ser um compartilhar. Se você tem alguma coisa, compartilhe — e quem quer que esteja disposto a compartilhar com você é um amigo. Não é uma questão de necessidade. Não é uma questão de, quando você está em perigo, o amigo precisar vir em seu socorro. Isso é irrelevante — ele pode vir, pode não vir, mas, se ele não vier, você não terá nenhuma queixa. Se ele vem, você é grato, mas, se ele não vem, está tudo bem. Vir ou não vir é decisão dele. Você não quer manipulá-lo, não quer fazê-lo sentir-se culpado. Não vai guardar nenhum rancor. Não vai dizer a ele: "Você não apareceu quando eu precisava — que espécie de amigo é você?"

A amizade não é algo que pertença ao mercado. A amizade é uma daquelas raras coisas que dizem respeito ao templo, e não ao mercado. Mas, se você não tem consciência desse tipo de amizade, então precisa aprender.

A amizade é uma grande arte.

E não precisa ser dirigida a alguém em particular; essa é mais uma idéia podre, a de que você deve ser amigo de determinada pessoa — simplesmente seja amistoso. Antes de criar amizades, crie uma disposição amistosa. Deixe que ela se torne uma qualidade do seu ser, uma atmosfera que o cerca, de modo que você seja amigável com qualquer pessoa com quem entrar em contato.

Toda a existência precisa de amigos! E, se você conseguir ser amigo da existência, a existência será sua amiga mil vezes mais. Ela lhe retribui na mesma moeda, mas multiplicada. Ela ecoa você. Se você atirar pedras na existência, terá de volta muito mais pedras. Se atirar flores, virão mais flores.

A vida é um espelho; ela reflete o seu rosto. Seja amistoso, e tudo na vida vai refletir essa disposição amistosa.

※

Você pode ser amistoso com muitas pessoas; ciúme está fora de cogitação. Não importa que você seja amistoso com cinco pessoas, ou dez pessoas, ou dez mil pessoas; ninguém se sentirá excluído por você amar gente demais, e a parte dele ficar cada vez menor. Ao contrário: na medida em que você é capaz de amar mais gente, a qualidade do seu amor melhora sensivelmente. Portanto, quem quer que você ame recebe mais amor se o seu amor é partilhado por muitas pessoas. Ele morre se for restringido. Fica mais vívido quando é espalhado por uma área extensa — quanto maior a área, mais profundas são as raízes.

A consciência proporciona a tudo uma transformação. O seu amor não é mais dirigido a ninguém em particular. Não significa que você pára de amar. Significa simplesmente que você passa a ser o amor, você é amor, o seu próprio ser é amor, a sua respiração é amor, o ritmo do seu coração é amor. Desperto, você é amor; dormindo, você é amor.

E o mesmo vale para tudo o mais — sua compreensão, sua inteligência, tudo passa pela mesma mudança. Você se torna o centro de toda a existência, o olho do furacão, e tudo isso irradia de você e atinge toda pessoa capaz de recebê-lo.

Não se trata de amar alguém por determinadas razões; trata-se de um amor que vem simplesmente da abundância — você tem tanto que precisa compartilhar, precisa irradiar. E, não importa quem o receba, você é grato à pessoa.

3 de Água/Emoções: Celebração

CELEBRAÇÃO

A Celebração É uma Ação de Graças; É uma Prece de Gratidão. É o Reconhecimento do Dom que Foi Dado a Nós...

Estar vivo é um dom tão imenso — mas as pessoas são muito ingratas; esqueceram-se de como agradecer a Deus. Não têm respeito pela existência. Nunca se sentem gratas a ponto de curvar-se até o chão. São absolutamente pétreas, insensíveis, cegas. E, por causa dessas pessoas — e elas são a maioria —, a vida toda ficou feia. É por causa dessas pessoas que a vida perdeu a alegria, a celebração.

Lembre-se: os animais são capazes de brincar, mas só o homem é capaz de celebrar. É privilégio e prerrogativa do homem; nenhum outro animal é capaz de celebrar. Sim, eles são capazes de brincar, mas brincar é uma coisa, e celebração é outra totalmente diferente. A celebração é uma ação de graças; é uma prece de gratidão. É o reconhecimento do dom que foi dado a nós... é compreensão. É um transbordante amor a Deus, que nos deu tanto. Simplesmente estar vivo é muito prazeroso. Sentir a chuva e ver o sol e estar na praia, mesmo que só por um instante, ver as estrelas, mesmo que só por um instante, basta para que uma pessoa se torne religiosa.

Não há necessidade alguma de adiar a celebração. Imediatamente, neste exato momento, você pode celebrar. Nada mais é preciso. Para celebrar, precisa-se de vida, e vida você tem. Para celebrar, precisa-se de árvores e pássaros e estrelas, e eles estão aí. De que mais você precisa? Você só vai celebrar se estiver coroado e engaiolado num palácio de ouro? Aí é que vai ser impossível, na verdade. Alguma vez você já viu um imperador rindo e dançando e cantando na rua? Não, ele está enjaulado, aprisionado: maneiras, etiqueta...

Bertrand Russell escreveu, em alguma obra, que, quando visitou pela primeira vez uma comunidade primitiva de aborígines que viviam numas colinas remotas, ele teve inveja — muita, muita inveja. Ele sentiu que a maneira como eles dançavam... era como se fossem todos imperadores. Não tinham coroas, mas faziam coroas de folhas e flores. Toda mulher era rainha. Eles não tinham diamantes Kohinoor, mas o que tinham, fosse o que fosse, era o bastante. Eles dançavam a noite inteira e depois dormiam lá mesmo, no lugar onde haviam dançado. De manhã, estavam de volta ao trabalho. Trabalhavam o dia inteiro, e outra vez, ao anoitecer, estavam prontos para celebrar, para dançar. Bertrand Russell diz: "Naquele dia, senti inveja de verdade. Eu não podia fazer aquilo."

Alguma coisa deu errado. Alguma coisa dentro de você deixa você frustrado; você não pode dançar, não pode cantar; alguma coisa o detém. Você vive uma vida aleijada. Você não deveria ser aleijado, mas vive uma vida aleijada, uma vida paralisada. E continua pensando que, sendo uma pessoa comum, não pode celebrar. Não há nada de especial em você. Mas quem lhe disse que, para celebrar, precisa-se de alguma coisa de especial? Na verdade, quanto mais você busca o especial, mais e mais dançar vai ser difícil para você.

Seja comum. Não há nada de errado com o comum, porque é justamente no que tem de comum que você é incomum. Não se preocupe com as condições ao decidir quando celebrar. Se você se preocupa em preencher determinadas condições, se acha que só então vai celebrar, você nunca vai celebrar; vai morrer como mendigo. Por que não agora mesmo? O que lhe falta?

Essa é a minha observação: se você puder começar agora mesmo, de repente a energia flui. E, quanto mais você dança, mais ela flui e mais capaz você se torna. O ego depende de condições para se satisfazer, mas a vida não. Pássaros conseguem cantar e dançar, pássaros comuns. Alguma vez você já viu um pássaro incomum cantando e dançando? Por acaso eles se perguntam se precisam, antes, ser um Ravi Shankar ou um Yehudi Menuhin? Eles se perguntam se precisam, antes, ser grandes cantores, e ir a faculdades de música para aprender, e só depois cantar? Eles simplesmente dançam e simplesmente cantam; não é necessário nenhum treinamento.

O homem nasce com a capacidade de celebrar. Se até os pássaros podem celebrar, por que não você? Mas você cria barreiras desnecessárias, cria uma corrida de obstáculos. Não existem barreiras. Você as coloca ali, e depois diz: "Sem atravessá-las, e sem saltar sobre elas, como poderemos dançar?" Você se põe contra si mesmo, divide a si mesmo, é inimigo de si mesmo. Todos os pregadores do mundo dizem que você é comum; portanto, como pode celebrar? Você precisa esperar. Primeiro seja um Buda, primeiro seja um Jesus, um Maomé, e só então você poderá.

Mas a verdade é exatamente o oposto: se você é capaz de dançar, você já é Buda; se é capaz de celebrar, já é Maomé; se é capaz de ser feliz, você é Jesus. O contrário não é verdade; o contrário é uma falsa lógica. Diz: primeiro seja um Buda, depois você pode celebrar. Mas como você vai ser um Buda sem celebrar? Eu lhe digo: "Celebre, esqueça todos os budas!" Na própria celebração, você descobrirá que você mesmo se tornou um buda.

E, quando eu digo celebrar, quero dizer ficar cada vez mais sensível a tudo. Na vida, dançar não deveria ser uma atividade à parte. A vida inteira deveria tornar-se uma dança; deveria ser uma dança. Você poderia sair para dar um passeio e dançar.

Deixe que a vida entre em você; fique cada vez mais vulnerável; sinta mais, perceba mais. Por toda parte há pequenas coisas cheias de grandes maravilhas. Observe uma criança pequena. Deixe-a no jardim e simplesmente observe. Você deveria ser assim também; tão maravilhoso, cheio de deslumbramento: correr para pegar essa borboleta, correr para pegar aquela flor, brincar com lama, rolar na areia. O divino toca a criança de todos os lados.

Se você conseguir viver em deslumbramento, então será capaz de celebrar. Não viva no conhecimento, viva em deslumbramento. Você não sabe nada. A vida é surpreendente; em toda parte ela é uma surpresa contínua. Viva-a como surpresa, como fenômeno imprevisível; um fenômeno novo a cada momento. Apenas tente, dê uma chance! Você não vai perder nada se der uma chance, e pode ganhar tudo.

4 de Água/Emoções: Voltando-se para Dentro

VOLTANDO-SE PARA DENTRO

A meditação é toda a arte de transformar a gestalt; *a consciência voltada para fora começa a voltar-se para dentro. E então ficamos conscientes de milhões de dons; e as pequenas coisas, as coisas bem pequenas e comuns, ganham uma enorme importância.*

Meditar significa dar um giro de 180 graus. Normalmente, nós nos concentramos no exterior; na meditação, mudamos o foco: concentramo-nos em nós mesmos. Meditar significa vivenciar a própria interioridade; é uma viagem para dentro.

E, depois de ter experimentado uma só gota do néctar, a infelicidade, a angústia, a vida problemática, tudo isso se dissolve. Agora você sabe em que direção deve ir; agora você sabe em que porta deve bater...

Jesus disse: "Batei, e a porta se abrirá." Mas a questão é: em que porta bater? Bater numa porta qualquer não vai adiantar. A menos que você comece a bater na porta interior, nada vai acontecer.

Jesus disse: "Pedi, e vos será dado." Mas a quem pedir? As pessoas pedem ao céu, ao paraíso, a Deus Pai, a algum lugar lá em cima, nas nuvens. Elas vêm pedindo há séculos, e não há resposta. É preciso pedir ao nosso próprio cerne interior.

Jesus disse: "Procurai e encontrareis." Mas onde procurar? As pessoas procuram em todos os lugares sagrados; vão a Jerusalém, ou a Meca, ou a Kashi, ou ao Tibete. Não vai adiantar. Aonde quer que você vá, estará perdendo o seu tempo. É preciso ir para dentro. O reino de Deus está dentro de vós.

A meditação é toda a arte de transformar a *gestalt*; a consciência voltada para fora começa a voltar-se para dentro. E então ficamos conscientes de milhões de dons; e as pequenas coisas, as coisas bem pequenas e comuns, ganham uma enorme importância. Uma simples gota de orvalho deslizando da folha de lótus para o lago é suficiente para nos encher de um sentimento de deslumbramento e reverência. É poesia, pura poesia! É música, é dança, é um dedo apontado para a lua.

Voltar-se para dentro não é voltar-se; ir para dentro não é ir, de modo algum. Voltar-se para dentro significa simplesmente que você correu atrás deste e daquele desejo, correu e correu e terminou frustrado repetidas vezes. Que todo desejo traz infelicidade, que não há plenitude por meio do desejo. Que você nunca chega a parte alguma, que a satisfação é impossível. Ao enxergar essa verdade, que correr atrás do desejo não o leva a lugar nenhum, você pára. Não que você faça algum esforço para parar. Se você faz algum esforço para parar, é mais uma vez correr atrás, de maneira sutil. Você ainda está desejando — talvez o que você deseje agora seja a falta de desejo.

Se você faz esforço para entrar, ainda está saindo. Todo esforço só pode levar você para fora, para o exterior. Todas as viagens são viagens exteriores; não há viagens interiores. Como você pode viajar para dentro? Você já está lá; não é preciso ir. Quando o ir pára, o viajar desaparece; quando desejar não obscurece mais a sua mente, então você está dentro. É isso que se chama voltar-se para dentro. Mas não é voltar-se, em absoluto; é simplesmente não sair. É sempre um problema expressar essas coisas por meio da linguagem.

Há uma antiga parábola que conta: era uma bela tarde, e uma tartaruga saiu para dar um passeio pelo campo. E deitou-se debaixo das árvores banhadas pelo sol, e perambulou pelo bosque, só por prazer. Depois voltou à lagoa. Um dos seus amigos, um peixe, perguntou: "Onde você esteve?" E ela disse: "Fui dar um passeio no campo." E o peixe disse: "O que você quer dizer com 'um passeio no campo'? Quer dizer 'nadar', só pode ser." E a tartaruga riu e disse: "Não, não fui nadar, não tinha nada a ver com nadar. Foi um passeio em terra firme." E o peixe disse: "Você está brincando ou o quê? Já estive em toda parte, é possível nadar em toda parte. Jamais vi um lugar onde não se possa mergulhar e nadar. Você está dizendo bobagens. Ficou louca?"

Compreende a dificuldade do peixe? Ele nunca esteve no campo; andar pelo campo não faz sentido para ele. Se a tartaruga quiser que a sua frase seja compreendida, terá de dizer: "Fui nadar em terra firme." O que seria absurdo. Mas o peixe só consegue entender a palavra "nadar".

Uma mente cheia de desejos só consegue entender o desejo. Daí o desejo de Deus. É absurdo; você não pode desejar Deus. Deus vem quando o desejo vai embora. A cessação do desejo é a vinda de Deus até você. Estou usando, mais uma vez, a palavra "vinda", o que não é verdade. Pois Deus já está lá — você é que só reconhece isso quando o desejo cessa. Nada jamais vem, nada jamais vai, tudo é como é. É o que Buda quer dizer com *yatha bhutam* — as coisas são como são. Nada deu errado, nada precisa de ajuste. As coisas são como são, e continuarão sempre como são. As árvores são verdes, e as rosas são vermelhas, e as nuvens flutuam no céu. Tudo está onde sempre esteve, do modo como sempre esteve. É o significado da palavra "natureza" — *yatha bhutam*. Mas o homem tem uma capacidade de sonhar, de desejar. Essa capacidade de sonhar é o problema. Então você começa a ir para o futuro, começa a planejar para o futuro. Você continua aqui, mas sua mente pode ir para o futuro. É como um sonho. Você cai no sono em Puna, mas pode sonhar com Calcutá, ou Chicago, ou Washington, ou Moscou. Você está em Puna a noite inteira — de manhã você não vai acordar em Moscou ou Chicago, vai acordar em Puna. E então vai rir: "Estou perambulando demais." Enquanto esteve sonhando com Moscou, você não foi para lá; continuou aqui.

Você continua sempre aqui. Aqui e agora é a única realidade; não existe outra. Mas o desejo pode criar um sonho. E no desejo você vai para fora.

Mas o que significa voltar-se para dentro? A pergunta é importante, é muito relevante. O que significa voltar-se para dentro? Significa enxergar a futilidade do desejo, a futilidade do sonho, o caráter ilusório do sonho. Quando enxergamos isso, o desejo desaparece. Nessa clareza, o desejo não pode existir. E, quando está sem nenhum desejo, você está dentro. Não que precise voltar-se para dentro. Não que precise primeiro parar de sonhar, e depois voltar-se para dentro. A cessação do desejo já é o voltar-se, a transformação — o que Jesus chamava de *metanoia*, conversão. De repente, uma outra *gestalt* se abre. Estava lá, mas você não tinha consciência dela, porque você estava obcecado demais pelo desejo. O desejo de dinheiro, o desejo de poder, o desejo de prestígio não permitem que a meditação floresça. Porque toda a energia se esvai no desejo.

Quando a energia não está indo a lugar nenhum... Lembre-se, vou repetir outra vez: voltar-se para dentro não é ir para dentro. Quando a energia não está absolutamente se deslocando, quando não existe movimento, quando tudo está tranqüilo, quando tudo parou — porque, ao enxergar a futilidade do desejo, você não consegue mais ir a parte alguma; não há mais para onde ir —, a quietude desce. O mundo pára. É o que significa "voltar-se para dentro". De repente, você está dentro. Você sempre esteve ali; mas agora você está desperto. A noite acabou, veio a manhã, você está desperto. É o que eu quero dizer com "caráter de buda" — tornar-se consciente, desperto para aquilo que já é.

Lembre-se do mestre zen Hakuin, que disse: Desde o início, todos os seres são budas. Do início ao fim. No início, no meio, no fim, todos são budas. Nem por um momento você foi alguma outra coisa. Mas o imperador tem um pesadelo no qual se torna um mendigo, e é torturado pelo pesadelo.

❊

Existe um céu fora e um outro dentro — e, a não ser que nos familiarizemos com o céu de dentro, nossa familiaridade com o céu de fora será muito superficial.

Só conhecendo o espaço interno conheceremos o externo. O interno é a base. O externo é apenas uma florescência; o interno é que tem as raízes. O externo depende do interno. O externo é apenas uma circunferência, o interno é o centro. E, se o céu externo é vasto, infinito, o interno também é — mas ainda mais vasto, mais infinito.

A meditação é o único modo de se familiarizar com ele. A meditação não é nada além do processo de voltar-se para dentro. Nós estamos olhando para fora, precisamos nos concentrar. Precisamos aprender a olhar para dentro. Precisamos relaxar. Nossos músculos estão paralisados porque, por muitas vidas, temos olhado para fora e perdemos, assim, a capacidade de nos voltarmos para dentro. Fora isso, é um processo simples. A meditação não é nem um pouco difícil, é muito simples. Até uma criança é capaz de fazer. Uma criança, na verdade, pode fazer com mais facilidade do que uma pessoa adulta, porque o adulto é mais fixado no externo, ele é mais obcecado pelo externo.

Ao tornar-se um buscador, você está dando um passo decisivo em sua vida. O passo mais importante que se pode dar é decidir: "Agora eu vou investigar o meu ser interior, quem eu sou." E aí começa uma grande viagem, uma grande peregrinação em direção ao supremo.

❊

Volte-se para dentro. Sempre que você encontrar uma oportunidade de voltar-se para dentro, volte-se. E voltar-se para dentro é um ato tão simples — não é necessária a ajuda de ninguém. Não é necessária nenhuma escada, nenhuma porta precisa ser aberta. Apenas feche os olhos e olhe para dentro. Sentado num ônibus, viajando de trem... você pode fazer isso a qualquer momento, e, com o tempo, não vai mais precisar nem fechar os olhos. A lembrança simplesmente fica, espontaneamente.

5 de Água/Emoções: Apego ao Passado

Uma pessoa que vive no presente — nem incomodada pelo passado, nem incomodada pelo futuro — é nova, é jovem; não é nem criança nem velha. E é possível permanecer jovem até o último suspiro.

Uma coisa deve ser lembrada: o passado não existe mais, prender-se ao passado é prender-se ao que está morto. É muito perigoso, porque obstrui e dificulta a sua vida, no presente e no futuro. É preciso estar sempre se libertando do passado morto. É um dos fundamentos da vida: renovar-se a cada momento, morrer para o passado e nascer de novo. O que passou passou — nem mesmo olhe para trás. Olhar para trás não é um bom sinal.

Crianças pequenas nunca olham para trás; elas olham para a frente. Elas não têm nada no passado que as faça olhar para trás — não há passado, elas só têm o futuro. Velhos nunca olham para o futuro, porque no futuro só existe a morte, e eles querem evitá-la; não querem falar sobre ela. Então, sempre olham para trás. Enfeitam as recordações; fazem que elas pareçam muito bonitas. Tudo o que eles têm é uma coleção de recordações, que ficam aperfeiçoando, mas, quando estavam realmente vivendo essas coisas, não gostaram delas. Só que agora o futuro é escuridão; é preciso algum consolo. E eles só conseguem encontrar consolo no passado.

Uma pessoa que vive no presente — nem incomodada pelo passado, nem incomodada pelo futuro — é nova, é jovem; não é nem criança, nem velha. E é possível permanecer jovem até o último suspiro. O corpo pode estar velho, mas a consciência permanece tenra, como uma brisa fresca, suave, fragrante ao sol do início da manhã. O problema todo é que nós nos apegamos ao passado. Ele nos detém, não nos permite ir contra ele. E, quando você não vai contra ele, sua vida inteira é simplesmente uma chatice, porque você repete e repete sempre o mesmo passado, a mesma rotina.

❋

O tempo é imóvel, assim como o espaço é imóvel. Não vai a lugar nenhum, nem vem de lugar nenhum. É apenas a nossa linguagem que diz que o tempo passa. Na verdade, nós é que estamos passando; o tempo permanece imóvel.

O tempo é imóvel; só a mente se move.

Esses tempos verbais — passado, presente e futuro — não são os tempos do tempo; são os tempos da mente. O que não está mais diante da mente se torna o passado. O que está diante da mente é o presente. E o que vai estar diante da mente é o futuro.

O passado é aquilo que não está mais diante de você.

O futuro é aquilo que ainda não está diante de você.

E o presente é aquilo que está diante de você, fugindo do alcance da sua visão. Logo será passado.

O que passou passou! E não se prenda ao presente, porque ele também está passando e logo será passado. Não se prenda ao futuro — esperanças, imaginações, planos para o amanhã —, porque o amanhã se tornará hoje, e depois ontem. Tudo será passado.

Tudo vai escapar das suas mãos.

Apegar-se só cria infelicidade.

Você precisa deixar passar.

Você não consegue evitar o processo de perder as coisas de vista; portanto, é melhor simplesmente observar, simplesmente testemunhar, e deixar que as coisas sejam o que elas quiserem ser — no passado, no presente, no futuro. Não se incomode, porque tudo há de cair no passado.

Só uma coisa vai continuar com você: o seu testemunho, o seu observar. Esse observar é meditação.

A mente é um prendedor — ela prende, segura, se apodera. Em nome da memória, ela coleciona todo o passado. Em nome de planejar o futuro, ela se prende a esperanças, desejos, ambições — e sofre. A mente está em contínua tensão, está em contínua angústia — sempre em tumulto.

Buda disse: se você conseguir simplesmente ficar em silêncio, observando, toda a infelicidade, todas as preocupações, todas as tensões vão desaparecer. E haverá um silêncio e uma clareza que você nunca sequer imaginou.

6 de Água/Emoções: O Sonho

Lá no fundo, existem sonhos e sonhos e mais sonhos. Há uma corrente subjacente ao sonho — e essa corrente vai corrompendo a nossa visão.

Só existe verdade quando a mente sonhadora pára. Por quê? Porque a mente sonhadora projeta continuamente e distorce aquilo que é. Se você olha para uma coisa com desejo, nunca vê a coisa como ela é. O desejo começa a fazer um jogo com você.

Passa uma mulher, uma mulher bonita, ou passa um homem, um homem atraente — de repente, existe desejo: possuí-la, possuí-lo. Então você não consegue mais enxergar a realidade. E o seu próprio desejo cria um sonho em torno do objeto. E você começa a enxergar da maneira como gostaria. E começa a projetar — o outro se transforma numa tela onde você projeta os seus desejos mais profundos. Você começa a colorir o objeto; e não vê mais o que ele é. Você começa a ter visões, começa a entrar na fantasia.

É claro que essa fantasia está condenada a se quebrar; quando a realidade irromper, sua mente sonhadora será quebrada. Acontece muitas vezes. Você se apaixona por uma mulher; de repente, um dia, o sonho desapareceu. A mulher não parece mais tão bonita como parecia. Você não consegue acreditar no quanto se enganou em relação a isso. E começa a procurar defeitos na mulher. Começa a procurar racionalizações — como se ela tivesse iludido você, como se o tivesse enganado; como se tivesse fingido ser bonita quando não era. Ninguém o está trapaceando, ninguém pode trapaceá-lo — exceto a sua própria mente desejosa e sonhadora. Você criou a ilusão. Nunca enxergou a realidade da mulher. Mais cedo ou mais tarde, a realidade vence. É por isso que os casos de amor sempre terminam falidos. E os amantes vão ficando, aos poucos, com medo de ver a realidade — eles evitam. A mulher evita o marido, o marido evita a mulher. Eles não olham diretamente. Eles têm medo. Já têm consciência de que o sonho acabou. Agora não tomam a iniciativa. Evitam um ao outro.

Os maridos deixam de ver coisas que viam nas mulheres. As mulheres deixam de ver coisas que viam nos maridos. O que acontece? A realidade continua a mesma; acontece apenas que o sonho não pode vencer para sempre, contra a realidade. Mais cedo ou mais tarde, o sonho *é* despedaçado. E isso acontece em todas as direções.

O homem sonha continuamente com poder, prestígio, respeitabilidade. E, sempre que consegue isso, vem a frustração. As pessoas mais felizes são aquelas que jamais satisfazem seus desejos. As pessoas mais infelizes são aquelas que tiveram sucesso em satisfazer seus desejos — aí há frustração.

A natureza do desejo é sonhar, e você só pode sonhar quando as coisas não estão lá. Você pode sonhar com a mulher do vizinho — mas como sonhar com a sua própria mulher? Alguma vez você já sonhou com a sua própria mulher? Nunca acontece. Você pode sonhar com a mulher de outro. Talvez *ele* sonhe com a sua mulher.

Tudo o que está distante parece belo. Chegue mais perto, e as coisas começam a mudar. A realidade abala muito.

Estar consciente significa não sonhar; estar consciente significa abandonar esse sono inconsciente em que nós normalmente vivemos. Nós somos sonâmbulos, andamos dormindo. Vivemos, mas o nosso viver é muito superficial. Lá no fundo, existem sonhos e sonhos e mais sonhos. Há uma corrente subjacente ao sonho — e essa corrente vai corrompendo a nossa visão. Essa corrente de sonho vai obscurecendo a nossa visão. Vai deixando a nossa cabeça confusa.

Uma pessoa que vive numa espécie de sono nunca será inteligente — e a consciência é a mais pura chama da inteligência. Um homem que vive no sono fica cada vez mais estúpido. Se você vive no estupor, fica estúpido, embotado.

Esse embotamento precisa ser destruído, e ele só pode ser destruído com mais consciência. Certa vez, eu ouvi a seguinte história:

Era uma vez uma macaca mãe, dotada de um modo filosófico de pensar. Isso a tornaria descuidada, e muitas vezes desatenta com seu filhote, que se chamava Charles. Como muitas mães de hoje, ela simplesmente não cuidava dele o suficiente, distraída que estava com seus pensamentos.

Mesmo assim, ela enfrentava a rotina como sua própria mãe havia feito antes, mas não no mesmo espírito. Ela simplesmente o amarrava nas costas e subia distraidamente nas palmeiras. E lá estava ela. E, enquanto ela remexia suas pilhas de neurônios, revirando os assuntos na mente, o filhote simplesmente escorregou, levando consigo também toda a sua jovem vida.

Enquanto caía, Charles, que também tinha uma tendência a meditar, indagou: "Mãe, por que nós estamos aqui?"

"Nós estamos aqui", observou ela, "para persistir."

Nós estamos aqui para persistir — a pessoa que dorme só faz isso a vida inteira. Ela tenta persistir — com a esperança, com o sonho, com o futuro. De algum jeito, ela persiste, como se esse fosse o único objetivo da vida, como se apenas estar aqui fosse suficiente. Não é suficiente. Apenas estar vivo não é suficiente — a menos que você entenda o que é a vida. Apenas estar aqui não é suficiente, a menos que você esteja tão completamente consciente de estar aqui que nessa consciência haja êxtase, satisfação e paz.

O homem tem medo. Ele precisa de alguém que lhe dê o sentimento de ser bem-vindo, ele precisa não ter medo. Ao menos com uma pessoa, você precisa não sentir medo. Isso é bom, até certo ponto, mas não é o que Buda ou Jesus chamavam de amor. O que eles chamavam de amor é um estado da mente, não um relacionamento. Portanto, vá além do relacionamento, e aos poucos seja simplesmente amoroso. Antes de mais nada, você não será capaz de fazer isso a não ser que medite. Se você não chegar a conhecer a imortalidade interior, se não chegar a conhecer uma profunda unidade entre o interior e o exterior, se não sentir que você *é* existência, vai ser difícil.

❊

Comece a contemplar desta maneira: ao andar pela rua, contemple que as pessoas que estão passando são todas sonhos. As lojas e os lojistas e os compradores e as pessoas indo e vindo são todos sonhos. As casas, os ônibus, o trem, o avião são todos sonhos.

Você ficará imediatamente surpreso com uma coisa de enorme importância acontecendo dentro de você. No momento em que você pensa "são todos sonhos", de repente, como um lampejo, você enxerga: "eu também sou um sonho". Pois, se o que se vê é um sonho, quem é, então, esse "eu"? Se o objeto é um sonho, o sujeito é um sonho também. Se o objeto é falso, como pode o sujeito ser a verdade? Impossível.

Se você observar tudo como sonho, vai descobrir, de repente, uma coisa indo embora do seu ser: a idéia de ego. É a única maneira de abandonar o ego, e a mais simples. Apenas tente — medite dessa forma. Meditando muitas vezes dessa forma, um dia acontece o milagre: você olha para dentro, e o ego não está mais lá.

O ego é um subproduto, um subproduto da ilusão de que tudo o que você vê é real. Se você pensa que os objetos são reais, o ego pode existir; é um subproduto. Se você pensa que os objetos são sonhos, o ego desaparece. E, se você pensar continuamente que tudo é um sonho, um dia, durante um sonho noturno, você ficará surpreso: de repente, no sonho, você se lembrará de que é um sonho também! E imediatamente, quando a lembrança acontecer, o sonho desaparecerá. E, pela primeira vez, você terá a experiência de si mesmo em sono profundo, embora acordado — uma experiência bastante paradoxal, mas muito benéfica.

Depois de ver os seus sonhos desaparecendo, por ter tomado consciência do sonho, a qualidade da sua consciência dará um novo salto. Na manhã seguinte, você vai acordar de um feito totalmente diferente, que você não conhecia. Você vai acordar realmente pela primeira vez. Então vai saber que todas aquelas outras manhãs foram falsas; você não acordava de verdade. Os sonhos continuavam — a única diferença é que durante a noite você sonhava de olhos fechados, e durante o dia você sonhava de olhos abertos.

Mas o sonho desapareceu porque veio a consciência; de repente você tomou consciência dentro do sonho... E lembre-se: consciência e sonho não podem existir ao mesmo tempo. Quando emerge a consciência aqui, o sonho desaparece ali. Quando você desperta no seu sono, a manhã seguinte será tão importante que vai ser incomparável. Nunca aconteceu nada parecido. Seus olhos estarão tão claros, tão transparentes, e tudo vai parecer tão psicodélico, tão colorido, tão vivo. Até mesmo as pedras vão parecer estar respirando, pulsando; até mesmo as pedras vão ter um coração batendo. Quando você está desperto, toda a existência muda de qualidade.

Nós vivemos num sonho. Estamos dormindo, mesmo quando pensamos estar acordados.

7 de Água/Emoções: Projeções

Você nunca vê as coisas como elas são; você as mistura com as suas ilusões. E tem tanto medo de ver diretamente porque sabe, inconscientemente, lá no fundo, em algum lugar, sabe que as coisas não são como você as vê.

Um Buda é sábio porque agora não existe mente. Agora ele vive na não-mente, agora todos os sonhos param. Ele vê as coisas como elas são. Você nunca vê as coisas como elas são; você as mistura com as suas ilusões. E tem tanto medo de ver diretamente porque sabe, inconscientemente, lá no fundo, em algum lugar, sabe que as coisas não são como você as vê.

Mas você pensa que, se vir a realidade das coisas, será demais, será muito pesado — você pode não suportar. Você mistura tudo com sonhos, apenas para tornar um pouco mais doce. Você pensa que é amargo, e por isso você cobre de açúcar. Você cobre uma pessoa, nos sonhos, e sente que ela se tornou doce? Não, você está simplesmente enganando a si mesmo, e a mais ninguém. Por isso tamanha infelicidade.

Foi dos seus sonhos que veio a infelicidade, e é preciso estar consciente desse fenômeno. Não jogue a responsabilidade sobre o outro; se o fizer, você vai criar mais sonhos. É preciso enxergar como é você quem está projetando — mas isso é difícil de enxergar.

Num teatro, num cinema, você olha para a tela, nunca para trás — o projetor está no fundo da sala. O filme não está realmente na tela; na tela há apenas uma projeção de luz e sombra. O filme só existe no fundo da sala, mas você nunca olha para lá. E o projetor está lá.

Sua mente está no fundo de tudo, e a mente é o projetor. Mas você sempre olha para o outro, porque o outro é a tela.

Quando você está apaixonado, a pessoa parece bonita, sem comparação. Quando você detesta, a mesma pessoa parece a mais feia de todas, e você nunca toma consciência de como a mesma pessoa pode ser a mais feia e a mais bonita.

Quando você está apaixonado, a mesma pessoa é uma flor, uma rosa, um jardim de rosas sem espinhos. Quando você deixa de gostar, quando odeia, as flores desaparecem, só restam espinhos, não há mais jardim — o mais feio, o mais sujo de todos, você não quer nem ver. E você nunca toma consciência do que está fazendo. Como podem as rosas desaparecer em tão pouco tempo, em apenas um minuto? Não é preciso sequer um minuto de intervalo. Num momento você ama e no momento seguinte você odeia; a mesma pessoa, a mesma tela, e a história toda muda. Observe, apenas, e você vai enxergar que essa pessoa não é a questão; você está projetando alguma coisa. Quando você projeta amor, a pessoa parece amável; quando você projeta ódio, a pessoa parece feia. A pessoa não é isso; você não viu nada da pessoa real. Não se consegue enxergar a realidade com os olhos da mente.

Se você realmente quer saber o que é a verdade, as escrituras não vão ajudar. Ir para o Himalaia também não vai ajudar em nada. Só uma coisa pode ajudar: comece a olhar para tudo sem a mente. Olhe para a flor e não deixe que a mente diga nada. Apenas olhe para ela. É difícil, por causa do velho hábito de interpretar.

O mulá Nasruddin pediu o divórcio ao tribunal. E disse ao juiz: "Ficou impossível. Todos os dias eu volto para casa e descubro que minha mulher está escondendo este ou aquele homem no armário."

Até o juiz ficou chocado, e disse: "Todos os dias?"

Nasruddin disse: "Todos os dias! E não é sequer a mesma pessoa — é uma nova pessoa a cada dia."

Só para consolar Nasruddin, o juiz disse: "Então você deve estar muito magoado. Você chega em casa cansado e pensa que sua mulher vai estar esperando por você para recebê-lo, e dar-lhe as boas-vindas, e dar-lhe amor. E você chega em casa e descobre a cada dia um novo homem escondido no armário."

Nasruddin disse: "Sim, eu me sinto muito magoado — porque nunca tenho onde pendurar minhas roupas."

Como você interpreta as coisas depende da mente.

Portanto, a única maneira de alcançar a verdade é: como aprender a ser direto na sua visão; como deixar de lado a ajuda da mente... Essa atuação da mente é o problema, porque a mente só consegue criar sonhos. Então, o que fazer?

Tente, nas pequenas coisas, não envolver a mente. Você olha para uma flor — simplesmente olha. Você não diz: "Bonita!" "Feia!" Você não diz nada! Não suscite palavras, não verbalize. Simplesmente olhe. A mente vai se sentir desconfortável, apreensiva. Ela gostaria de dizer alguma coisa. Você apenas diz: "Fique quieta! Deixe-me ver. Vou só olhar." No início vai ser difícil, mas comece com coisas com as quais você não esteja muito envolvido. Vai ser difícil olhar para a sua mulher sem suscitar palavras. Você está envolvido demais, preso demais emocionalmente. Odiando ou amando, mas envolvido demais.

Olhe para coisas que sejam neutras — uma pedra, uma flor, uma árvore, o sol nascendo, um pássaro voando, uma nuvem se deslocando no céu. Apenas olhe para coisas com as quais você não esteja muito envolvido, das quais você possa permanecer desligado, às quais você possa permanecer indiferente. Comece com coisas neutras e só depois vá para as situações emocionalmente mais carregadas.

Aos poucos, você ficará eficiente. É exatamente como nadar: no começo você sente medo e não consegue acreditar que vai sobreviver. E você trabalha com a mente há tanto tempo que não consegue pensar que possa existir sem ela por um momento que seja. Mas tente!

E, quanto mais você põe a mente de lado, mais luz vem até você, pois, quando não há sonhos, as portas se abrem, as janelas se abrem, e o céu chega até você, e o sol se levanta e vem até o coração; a luz alcança você. Você fica cada vez mais cheio de verdade na medida em que está cada vez menos cheio de sonhos.

❃

Apenas observe tudo o que acontece na sua mente... e uma grande transformação vai acontecer. Ao observar, você começa a sentir, de repente, que você não é a mente. Você é capaz de observá-la... ela simplesmente está ali, na tela, uma tela de cinema, de TV. Os pensamentos se movimentam, os sonhos se movimentam, as projeções se movimentam; recordações, imaginações... você consegue ver a distância. E, quando se firma nessa distância, você se surpreende: "O que esses pensamentos podem fazer comigo...?"

Isso dá um grande alívio. E, à medida que essa percepção se aprofunda — "eu não sou a mente" —, a mente começa a se acalmar. Há menos pensamentos; há menos imaginação. Apenas observe... e virá um momento em que a mente ficará vazia; restará apenas uma tela em branco. É a saúde perfeita. Com essa clareza, viver a vida é um deleite, uma alegria.

8 de Água/Emoções: Deixando ir

Quando o oceano chama você, confie nele — salte e desapareça dentro dele.

A essência da fé, ou da confiança, é a entrega. O medroso nunca consegue entregar-se. Está sempre na defesa, está sempre se protegendo, está sempre lutando, é sempre antagônico. Mesmo a sua prece, a sua meditação não passam de estratégias de defesa.

O homem de fé sabe entregar-se, o homem de fé sabe como se render, sabe ir a favor do rio, sem empurrá-lo. Ele vai com a corrente da fé para onde quer que ela o leve. Ele tem coragem e confiança de que pode ir com a corrente.

A pessoa medrosa é incapaz de se render, embora pense que é porque é tão forte que não pode se render. Ninguém gosta de sentir-se fraco; os fracotes, em particular, não gostam, nunca. Não querem perceber que são fracos, covardes. Imaginam-se muito fortes — não podem se render.

Minha observação pessoal é a de que, quanto mais forte é a pessoa, mais fácil para ela é se render. Só o forte pode se render, porque ele confia em si mesmo, ele é seguro de si, ele sabe que pode entregar-se. Ele não tem medo. Está disposto a explorar o desconhecido, está disposto a ir a lugares que não estão no mapa; ele vibra com a viagem ao desconhecido. Quer experimentá-la, não importa o custo nem o risco. Quer viver perigosamente.

O homem de fé sempre vive perigosamente. O perigo é o seu refúgio, a insegurança é a sua segurança, e uma enorme busca investigativa é o seu único amor. Ele quer explorar, quer ir até o fim da existência, às profundezas da existência, ou mesmo ao topo da existência. Quer saber o que é — "O que é isso em torno de mim? O que é isso que chamo de 'eu'? Quem sou eu?"

Um homem forte está disposto a render-se. Ele sabe que não precisa ter medo. "Eu pertenço à existência; eu não sou nenhum estranho aqui. A existência me serviu de mãe; não pode ser minha inimiga. A existência me trouxe até aqui; sou um produto dela. A existência tem um destino a cumprir por meu intermédio."

O homem forte sempre sente a presença desse destino: "Eu estou aqui para fazer alguma coisa de que a existência precisa, e ninguém mais pode fazê-lo senão eu; se não fosse assim, por que eu teria sido criado?" Então ele está sempre disposto a ir para as trevas, a buscar, a procurar.

❊

Os que são incapazes de confiar fracassam, porque se acreditam mais sábios do que o mundo inteiro, do que a existência inteira. Qual é a sua sabedoria? Qual é a sua inteligência? Nem uma gota de orvalho. E, quando o oceano chama você, confie nele — salte e desapareça dentro dele.

❊

Há coisas que se podem conquistar por meio do esforço, mas há também coisas que não se podem jamais conquistar por meio do esforço. As coisas que se podem conquistar pelo esforço são sempre mundanas

— dinheiro, poder, prestígio; e as coisas que não se podem conquistar pelo esforço são sempre sublimes — amor, prece, meditação, Deus, verdade.

Tudo o que é realmente importante sempre vem como graça. Você só precisa ser capaz de recebê-la. Não se pode conquistá-la: só se pode recebê-la. Não se pode fazer nenhum esforço positivo para consegui-la. Nossas mãos são muito pequenas, nosso alcance não é muito grande, mas nós podemos esperar, e podemos esperar com grande expectativa, embora sem ansiedade. Podemos esperar vibrando muito, pulsando. Nessa espera, o além penetra, a eternidade penetra no tempo; o céu desce à terra.

É preciso aprender a esperar, é preciso aprender a não fazer esforço, é preciso aprender a estar num estado de resignação. É preciso aprender a estar num espírito de entrega. O maior segredo da vida é o segredo da entrega, da resignação, da confiança na existência.

Tudo o que é grande sempre vem como um dom.

Não lute por isso; se o fizer, você vai perder.

9 de Água/Emoções: Preguiça

Nós deveríamos transbordar de energia. Deveríamos ser calmos, mas não preguiçosos. Deveríamos ser relaxados, mas não preguiçosos.

A mente tende a ser preguiçosa — toda a preguiça está na mente. A mente quer evitar qualquer esforço. É por isso que ela não quer entrar em novas dimensões. Ela permanece apegada ao velho, ao familiar, porque sabe que é muito eficiente ali. Tem uma certa competência e prática. Mas, depois de se estabilizar, você não quer mais mudar.

Muitas pessoas continuam vivendo com uma mulher, ou com um homem, não porque amem o homem ou a mulher, mas apenas porque ele ou ela lhes é familiar. Pois seria um problema, mais uma vez, mudar de casa, com uma outra mulher, e começar do zero. Essas pessoas são simplesmente preguiçosas.

E continuam vivendo da maneira como vivem — mesmo quando são infelizes, mesmo quando não existe nada além de angústia, mas elas continuam porque pelo menos é familiar, conhecido; elas adquiriram prática naquilo. E podem continuar dormindo.

A mente é preguiçosa. E essa preguiça é uma das barreiras.

❊

A preguiça é um estado negativo. Nós deveríamos transbordar de energia. Deveríamos ser calmos, mas não preguiçosos. Deveríamos ser relaxados, mas não preguiçosos.

A preguiça e a tranqüilidade são tão parecidas que é muito fácil confundir uma com a outra. Se você está desfrutando a sua solidão, não pode ser preguiça, porque a preguiça sempre sente uma certa culpa, um certo sentimento de "eu estou fazendo uma coisa que não deveria", de "não estou participando da existência". A preguiça significa que você se desligou da criatividade do Universo — você fica de lado enquanto o Universo continua criando, dia após dia.

O meu ensinamento se resume nisto: encare tudo com absoluto relaxamento, com tranqüilidade. Não importa se você está fazendo alguma coisa ou não. Você deve transbordar de energia, mesmo quando não está fazendo nada. Essas árvores também não estão fazendo nada, mas estão transbordando de energia. Você pode ver isso em suas flores, em suas cores, em sua folhagem, em seu frescor, em sua beleza nua e absoluta à luz do sol, na noite escura sob as estrelas.

A vida não é uma tensão em lugar nenhum exceto na mente da humanidade. Encarar a vida com calma, sem nenhuma tensão, sem nenhuma pressa — isso não é preguiça, é tranqüilidade.

❊

Pessoas preguiçosas pensam que são hedonistas, mas o preguiçoso não pode ser hedonista. Para ser hedonista, é preciso muito trabalho, para que a energia flua para o alto, continue sempre fluindo e nunca esfrie. Ser hedonista é um grande esforço; é preciso muito trabalho. Não é sair, beber, dormir com garotas e pensar que é hedonista. Isso não é hedonismo, em absoluto. O que beber tem a ver com hedonismo? Um verdadeiro hedonista não pode beber, porque beber o torna insensível e ele não consegue aproveitar tanto. Isso embota a mente. Beber não deixa você mais consciente — reduz a consciência.

Você acha que uma pessoa em coma desfruta a felicidade? Ou que um alcoólatra caído na rua está feliz? Ele simplesmente está evitando as situações em que é possível a dor e é possível o prazer. Está evitando ambas. Não é um hedonista, porque um hedonista é alguém que entra em situações em que escolhe o prazer, faz todo o esforço para escolher o prazer e todo o esforço para evitar a dor. É uma luta constante para continuar feliz.

É um grande equilíbrio... exatamente como andar sobre uma corda bamba. A cada momento, é preciso equilibrar a si mesmo contra a dor... em favor do céu, contra o inferno. O inferno está logo ali, escancarado, ao seu lado. Se você erra o passo, está perdido.

Ser hedonista não é simplesmente deitar-se na cama, com vinho e mulheres. Isso é simplesmente ser tolo! Os verdadeiros hedonistas são budas, porque eles ficam tão conscientes que cada pequena experiência traz uma enorme alegria. Quando Buda olha para uma flor, é quase o paraíso. Quando se está bêbado, voltando para casa de qualquer jeito, aos tropeços, quem se importa com a rosa que desabrochou na calçada?

O hedonista não é alguém que sai dormindo com qualquer mulher, aqui e ali. Esse é apenas um suicida... está desperdiçando energia. Não vai chegar a nenhuma intimidade profunda, porque a alegria nasce da intimidade. Ele é apenas um caso passageiro. Portanto, vocês me entenderam mal. Mas é assim que as coisas são, eu sei. Eu digo uma coisa, e vocês me entendem mal, e começam a fazer o que bem entendem. Mas é assim que vocês vão aprender — não há outra maneira. Preciso correr o risco e dizer as coisas, sabendo muito bem que algo vai dar errado, mas é assim que se aprende.

Quando digo para ser hedonista, estou dizendo para ser alegre a cada momento, e explorar cada momento com tanta alegria e tanta intensidade quanto possível, porque ele nunca mais voltará. Ele irá embora para sempre. E aprenda a arte de amar — só assim você conseguirá ser feliz. Só fazer a própria vontade nunca fez ninguém feliz.

É preciso uma grande arte. Para pintar, é preciso aprender a arte da pintura. Para nadar, é preciso aprender a arte da natação. As pessoas pensam que, para ser feliz, não é preciso aprender nada. É a maior de todas as artes. A pintura e a música não são nada em comparação. Elas podem vir a ser partes dessa harmonia maior mas não são nada... apenas fragmentos.

Portanto, saia da preguiça. Não tente encontrar desculpas para ser preguiçoso — e não seja tolo. Eu não lhe disse para ser tolo; eu lhe disse para ser hedonista... E o hedonista é o homem mais sábio que há no mundo.

10 de Água/Emoções: Harmonia

Você está bem no meio entre a morte e a vida — você não é nenhuma das duas. Portanto, não se apegue à vida e não tenha medo da morte. Você é a música entre a lira e o arco. O choque e o encontro e a fusão e a harmonia e o que de melhor nasce dela.

Heráclito diz: "A harmonia oculta é melhor do que a evidente."

Você já observou um rio? Às vezes ele vai para a esquerda, às vezes vai para a direita, às vezes para o sul, às vezes para o norte, e você vê que o rio é bastante incoerente — mas há uma harmonia oculta: ele chega ao oceano. Para onde quer que ele esteja indo, o objetivo é o oceano. Às vezes ele precisa ir para o sul, porque o declive é para o sul; às vezes ele precisa ir na direção exatamente oposta, para o norte, porque o declive é para o norte — mas, em todas as direções, ele está buscando o mesmo objetivo: está indo para o oceano. E você verá como ele vai chegar.

Pense num rio que seja coerente, que diga: "Eu vou sempre para o sul, pois como é possível que eu vá para o norte? As pessoas vão me chamar de incoerente." Esse rio nunca vai chegar ao oceano. Os rios de Aristóteles nunca chegam ao oceano; eles são coerentes demais, superficiais demais. E não conhecem a harmonia oculta — na qual, por opostos, você pode ir atrás de um único objetivo. O mesmo objetivo pode ser perseguido por meio de opostos. Essa possibilidade é completamente desconhecida para eles — mas ela existe. Heráclito diz: "A harmonia oculta é melhor do que a evidente"... Mas é difícil; você estará em constante dificuldade. As pessoas esperam coerência de você, e a harmonia oculta não faz parte da sociedade. Faz parte do cosmos, não da sociedade. A sociedade é artificial, e elaborou todo o seu planejamento como se tudo fosse estático. A sociedade criou regras morais, códigos, como se tudo fosse imóvel. É por isso que as regras morais permanecem intactas durante séculos. Tudo muda, e as regras mortas continuam. Tudo continua mudando, e os assim chamados moralistas continuam pregando sempre as mesmas coisas absolutamente irrelevantes — mas eles são coerentes com o seu passado. Coisas absolutamente irrelevantes permanecem...

O moralista é um homem de superfície. Ele é que vive para as regras, e não as regras para ele. Ele é que existe para as escrituras, e não as escrituras para ele. Ele segue as regras, mas não segue a consciência. Quando segue a consciência, a observação, você alcança uma harmonia oculta. Assim você não é incomodado pelo oposto; e pode então usá-lo. E, quando consegue usar o oposto, você tem uma chave secreta: pode tornar seu amor mais belo por meio do ódio.

O ódio não é inimigo do amor. É o próprio tempero que dá beleza ao amor — é o pano de fundo. Você pode intensificar sua compaixão por meio da raiva e então não serão mais opostos. E é esse o sentido do que Jesus diz: "Amai os vossos inimigos." Esse é o sentido: amai os vossos inimigos, porque os inimigos não são inimigos — eles são amigos, você pode usá-los. Numa harmonia oculta, eles se fundem num só.

A raiva é o inimigo — use-a, faça dela a sua amiga! O ódio é o inimigo — use-o, faça dele seu amigo! Deixe que o seu amor se aprofunde por meio dele, faça dele um solo para plantar — ele se tornará um solo.

Essa é a harmonia oculta de Heráclito: amar o inimigo, usar o oposto. O oposto não é o oposto, é só o pano de fundo.

A morte e a vida não são opostos tampouco. A morte não pode ser realmente o oposto da vida. Se o nome do arco é vida, então o nome da lira deve ser morte. E, entre os dois, nasce a mais serena harmonia da vida.

Você está bem no meio, entre a morte e a vida — você não é nenhuma das duas. Portanto, não se apegue à vida e não tenha medo da morte. Você é a música entre a lira e o arco. Você é o choque e o encontro e a fusão e a harmonia e o que de melhor nasce dela.

Não escolha!

Se escolher, você vai errar. Se escolher, você vai apegar-se a um dos dois, identificar-se com um dos dois. Não escolha!

Que a vida seja o arco, que a morte seja a lira — e você, a harmonia, a harmonia oculta.

O NAIPE DE NUVENS (ESPADAS)

Compreensão — Pensamentos — Mente

O pensamento é emprestado. Todos os seus pensamentos vieram dos outros. Observe — você seria capaz de encontrar um único pensamento que seja seu, que você tenha gerado? Eles são todos emprestados. As fontes podem ser conhecidas ou desconhecidas, mas são todos emprestados. A mente funciona como computador, mas, antes que o computador possa lhe dar qualquer resposta, você precisa alimentá-lo. A mente é um biocomputador.

Compreensão

A vida é um grande mistério, ninguém consegue compreendê-la, e quem quer que alegue compreender é simplesmente ignorante. Não tem consciência do que está dizendo, do absurdo que está dizendo. Quando você for sábio, esta será a sua primeira constatação: não se pode compreender a vida. Compreender é impossível. Somente isso se pode compreender: que compreender é impossível.

A vida não é uma charada. A charada pode ser resolvida, mas o mistério é insolúvel por natureza — não há como resolvê-lo. Sócrates disse: "Quando jovem, eu pensava que sabia muito. Quando envelheci, amadureci na sabedoria, cheguei à compreensão de que não sabia nada."

Conta-se que um dos mestres sufis, Junnaid, estava trabalhando com um novo discípulo. O jovem não tinha consciência da sabedoria de

Junnaid, e Junnaid levava uma vida tão comum que seria preciso ter uma visão muito sensível para perceber que estava perto de um buda. Trabalhava como um operário comum, e apenas os que tivessem olhos o reconheceriam. Reconhecer Buda era muito fácil — ele se sentava sob uma árvore *bodhi*; reconhecer Junnaid era muito difícil — ele trabalhava como operário, e não ficava sentado sob uma árvore *bodhi*. Ele era, sob todos os aspectos, absolutamente comum.

Um jovem trabalhava com ele, e esse jovem demonstrava constantemente seu conhecimento, de modo que, não importava o que Junnaid fizesse, ele dizia: "Isso está errado. Isso pode ser feito desta forma; será melhor" — ele sabia de tudo. Por fim, Junnaid riu e disse: "Meu rapaz, eu não sou jovem o bastante para saber tanto."

Isso é realmente notável. Ele disse: "Não sou jovem o bastante para saber tanto." Somente um jovem poderia ser tão tolo, tão inexperiente. Sócrates estava certo ao dizer: "Quando jovem, eu sabia muito. Quando me tornei maduro, experiente, constatei apenas uma coisa — que eu era absolutamente ignorante."

A vida é um mistério; isso quer dizer que não se pode desvendá-lo. E, quando todos os esforços para desvendá-lo se mostram inúteis, o mistério se elucida para você. Então as portas se abrem; e você é convidado. Ninguém entra no divino como conhecedor; quando você é uma criança, ignorante, não sabendo absolutamente nada, o mistério acolhe você. Com uma mente que sabe, você é esperto, e não inocente. A inocência é a porta.

Um discípulo foi a um mestre zen e disse: "Em que estado mental devo buscar a verdade?" O mestre disse: "Não existe mente; portanto, não pode existir nenhum estado mental."

A mente é a ilusão que não é, mas parece ser, e parece tanto que você pensa que você *é* a mente. A mente é *maya*, a mente é apenas um sonho, apenas uma projeção, uma bolha de sabão flutuando num rio. O sol acaba de nascer, os raios penetram a bolha; surge um arco-íris, e não há nada ali. Quando você toca a bolha, ela se rompe e tudo desaparece — o arco-íris, a beleza, não resta nada.

Só o vazio se une ao vazio infinito. Havia ali apenas uma parede, uma parede de bolhas. Sua mente é apenas uma parede de bolhas — por dentro, o seu vazio; por fora, o meu vazio. É apenas uma bolha; estoure-a, e a mente desaparecerá.

Mente

O mestre disse: "Não existe mente; portanto, de que tipo de estado você está falando?" É difícil entender. As pessoas dizem: "Nós queremos atingir um estado mental de silêncio." Pensam que a mente consegue ficar em silêncio. A mente nunca consegue estar em silêncio. A mente significa o tumulto, a perturbação, a doença; a mente significa o estado tenso, angustiado. Ela não consegue ficar em silêncio. Não pode estar em silêncio. Quando existe silêncio não existe mente. Quando vem o silêncio, a mente desaparece; quando a mente está ali, o silêncio não está mais. Portanto, não pode existir mente silenciosa, assim como não pode existir doença saudável. É possível ter uma doença saudável? Quando a saúde está ali, a doença desaparece.

O silêncio é a saúde interior; a mente é a doença interior, a perturbação interior.

Portanto, não pode existir mente silenciosa, e o discípulo pergunta: "Que espécie, que tipo, que estado mental devo atingir?" Sem rodeios, o mestre disse: "Não existe mente; portanto, não pode existir nenhum estado mental." Assim, por favor, abandone essa ilusão; não tente atingir nenhum estado na ilusão. É como se você estivesse pensando em viajar no arco-íris e perguntasse: "Quais os passos que é preciso dar para viajar no arco-íris?" Eu digo: "Não existe arco-íris. O arco-íris é apenas uma aparência; é impossível dar qualquer passo sobre ele." Um arco-íris simplesmente parece existir; não está realmente ali. Não é uma realidade; é uma falsa interpretação da realidade.

A mente não é a realidade; é uma interpretação falsa. Você não é a mente, você nunca foi a mente, nunca poderá ser a mente. Esse é o problema — você se identificou com uma coisa que não é. Você é como um mendigo que acredita que tem um reino. Ele está tão preocupado com o reino — como controlá-lo, como governá-lo, como prevenir a anarquia. Não há reino, mas ele se preocupa.

Uma vez, Chuang Tzu sonhou que tinha se transformado em borboleta. Pela manhã, estava muito deprimido. Seus amigos perguntaram: "O que houve? Nunca o vimos tão deprimido."

Chuang Tzú disse: "Estou confuso, estou perplexo, não consigo entender. À noite, enquanto dormia, sonhei que havia me transformado numa borboleta."

Então os amigos riram: "Ninguém se perturba com sonhos. Quando você acorda, o sonho desapareceu; então, por que se perturbar?"

Chuang Tzu disse: "Não é essa a questão. Agora estou confuso: se Chuang Tzu pode se transformar em borboleta no sonho, é possível que agora a borboleta esteja dormindo e sonhando que é Chuang Tzu."

Se Chuang Tzu pode se transformar em borboleta no sonho, por que não o contrário? — a borboleta pode sonhar e se transformar em Chuang Tzu. Portanto, o que é real — Chuang Tzu sonhando que se transformou em borboleta, ou a borboleta sonhando que se transformou em Chuang Tzu? O que é real? Os arco-íris estão aí, você pode se transformar em borboleta num sonho. E você se transformou em mente, nesse sonho maior que chama de "vida".

Quando desperta, você não atinge um estado mental desperto; atinge um não-estado mental, você atinge a não-mente.

Pensamentos

O que significa não-mente? É difícil de entender, mas, às vezes, inconscientemente, você a atingiu. Mas talvez não a tenha reconhecido. Às vezes, quando você está apenas sentado normalmente, sem fazer nada, não há pensamento algum na mente — porque a mente é só o processo de pensamento. Não é uma substância, é só uma progressão. Pode-se dizer que "uma multidão se juntou", mas existe realmente algo como uma multidão? A multidão é substancial, ou só existem indivíduos? Aos poucos os indivíduos vão se dispersar; restará, então, uma multidão? Quando os indivíduos se dispersam, não há multidão.

A mente é exatamente como a multidão; os pensamentos são os indivíduos. E, como os pensamentos estão lá continuamente, você pensa que o processo é substancial. Abandone cada pensamento individual e, no fim, não restará nada. Não existe mente como tal, apenas o pensamento.

Os pensamentos são tão rápidos que não se pode ver o intervalo entre dois deles. Mas o intervalo sempre existe. *Esse intervalo é você.* Nesse intervalo não existe nem Chuang Tzu nem borboleta — porque a borboleta é um tipo de mente, e Chuang Tzu também é um tipo de mente. A borboleta é uma determinada combinação de pensamentos, Chuang Tzu é outra combinação, mas ambos são mente. Quando a mente não está lá, quem é você — Chuang Tzu, ou a borboleta? Nenhum dos dois. E qual é o estado? Você se encontra num estado mental iluminado? Se você pensa que se encontra num estado mental iluminado, isso é, mais uma vez, um pensamento, e, quando o *pensamento* está lá, *você* não está. Se você sente que é um buda, isso é um pensamento. A mente interferiu; agora o processo está lá; o céu está nublado outra vez, o azul se perdeu. Não se vê mais o azul infinito.

Entre dois pensamentos, tente estar alerta. Observe o intervalo, o espaço entre eles. Você verá a não-mente; essa é a sua natureza. Os pensamentos vêm e vão — são acidentais —, mas o espaço interior sempre continua. As nuvens vêm e vão, desaparecem — são acidentais —, mas o céu continua.

Você é o céu.

Rei de Nuvens: Controle

Quando você se controla, estar vivo perde todo o sentido, porque você perde a comemoração. Como você pode comemorar sendo tão controlado?

Não tente tornar-se coisa alguma — nem paciente, nem amoroso, nem não violento, nem pacífico. Não tente. Se tentar, você vai se forçar e se tornar um hipócrita. É assim que toda a religião terminou em hipocrisia. Por dentro, você é diferente; por fora, é maquiado. Você sorri, mas por dentro gostaria de matar. Por dentro, você traz consigo todo o lixo, e, por fora, borrifa perfume. Por dentro, você fede; por fora, cria a ilusão de que é uma rosa.

Nunca reprima. A repressão é a maior das calamidades que já aconteceram ao homem. E aconteceu por razões muito bonitas. Você vê um Buda — tão silencioso, tão sereno. Surge uma ambição: você também gostaria de ser como ele. O que você faz? Começa a tentar ser uma estátua de pedra. Sempre que há uma situação que pode perturbá-lo, você se contém. Você se controla.

"Controle" é uma palavra obscena. É curta, mas é um palavrão.

E, quando digo liberdade, não estou dizendo licenciosidade. Quando digo liberdade, você talvez entenda licenciosidade, porque é assim que as coisas são. A mente controlada, sempre que ouve falar em liberdade, imediatamente a entende como licenciosidade. A licenciosidade é o pólo oposto ao controle. A liberdade está simplesmente entre os dois, exatamente no meio, onde não há controle e não há licenciosidade.

A liberdade tem sua disciplina própria, mas ela não é imposta por nenhuma autoridade. Deriva da sua consciência, da autenticidade. A liberdade jamais deveria ser entendida erroneamente como licenciosidade; se for, você vai errar outra vez.

A consciência traz a liberdade. Na liberdade, não há necessidade de controle, porque não há possibilidade de licenciosidade. Foi por causa da licenciosidade que você se viu obrigado a controlar, e, se você continuar licencioso, a sociedade vai continuar controlando você.

É por causa da sua licenciosidade que existem o policial, o juiz, o político, os tribunais, e eles vão obrigando você a se controlar. E, quando você se controla, estar vivo perde todo o sentido, porque você perde a celebração. Como você pode celebrar sendo tão controlado?

Você pode escolher entre o controle e a licenciosidade. Pode dizer: "Se eu não me controlar, vou me tornar licencioso. Se eu abandonar a licenciosidade, vou me tornar controlado." Mas eu lhe garanto: se você se tornar consciente, ambos, o controle e a licenciosidade, vão se esvaziar ao mesmo tempo. São dois lados da mesma moeda, e, na consciência, não são necessários.

Rainha de Nuvens: Moralidade

Não há lei superior ao amor; por isso o amor é a verdadeira base da moralidade — não os códigos, nem os mandamentos.

O íntegro, o moralista, o puritano está sempre disposto a condenar, mandar cada vez mais gente para o inferno, crucificar pessoas, matar e destruir. Está disposto a sofrer, disposto a ser um masoquista, disposto a passar por toda espécie de austeridade tola apenas para desfrutar o sentimento de superioridade, o sentimento farisaico, o sentimento de "vocês são todos pecadores, e eu sou santo".

O verdadeiro santo tem uma qualidade totalmente diferente. Ele não é moralista; ele sabe perdoar, porque sabe o quanto foi perdoado. Ele conhece as limitações humanas, porque ele próprio sofreu por causa delas. Ele é capaz de perdoar. Ele é compreensão.

O moralista nunca é compreensão, nunca é perdão; ele não é capaz de perdoar, por ser tão duro consigo mesmo. Ele conseguiu seu assim chamado caráter com tanta dificuldade que a única alegria, o único prazer de que ele é capaz é o do fariseu. Como pode perdoar? Se perdoar, ele não vai poder desfrutar a viagem egoísta em que está.

A moralidade é um fenômeno social; a sociedade precisa dela porque a sociedade é feita de milhões de pessoas. Ela precisa manter certa ordem, certa disciplina; do contrário haveria um caos. A moralidade mantém essa ordem. Cria em você um escrúpulo. O escrúpulo funciona como um policial interior, que não permite que você faça nada que seja contrário à lei, ou aos códigos, ou à tradição. A sociedade gravou no seu coração certas idéias, e agora você está dominado por elas. Mesmo se você se opuser a essas idéias, elas vão torturá-lo, vão se tornar um pesadelo para você. Se você as seguir, porém, não vai mais se sentir tão torturado.

Assim, a pessoa imoral se vê em duas dificuldades. Uma vem de fora, porque ela começa a perder o respeito das pessoas; e, neste mundo, o respeito é a coisa mais valiosa aos olhos das pessoas, porque é um alimento para o ego. No instante em que você deixa de ser respeitado, seu ego começa a morrer, seu ego é ferido, seu ego é machucado. Em segundo lugar, alguma coisa dentro de você começa a criar uma tortura interior para você — o seu escrúpulo. Esse escrúpulo também é criado pela mesma sociedade.

Desse modo, a sociedade pressiona você dos dois lados, exterior e interior. Você é simplesmente esmagado entre essas duas pedras. Portanto, os covardes não podem ser imorais; os covardes são sempre morais. Na verdade, eles não são morais, são apenas covardes; por serem covardes, não podem ser imorais — é muito perigoso, muito arriscado. E as pessoas morais, as assim chamadas pessoas morais, vivem uma vida superficial. Estão limitadas a viver uma vida superficial, porque sua consciência não lhes pertence — o que mais pode lhes pertencer? Elas não têm sequer a própria consciência, o que mais podem ter? São as pessoas mais pobres do mundo. E são morais não por compreenderem a beleza de ser moral; são morais simplesmente porque não têm coragem suficiente para ser imorais. Elas seguem os ditames da sociedade e do escrúpulo apenas por medo. Há o medo da lei e há o medo do inferno; há o medo do policial e há o medo de Deus. Elas estão tremendo constantemente, sua vida não é nada além de um tremor constante. Suas orações nascem desse tremor — e são falsas, naturalmente; são guiadas pelo medo. Mesmo a sua concepção de Deus não é nada além de uma projeção do seu medo.

É por isso que essas pessoas, acertadamente, são corretamente chamadas de "pessoas tementes a Deus". Elas não são amantes de Deus. E, lembre-se, alguém que teme a Deus não pode amá-lo, e alguém que ama a Deus não precisa temê-lo. Medo e amor não podem existir juntos; é impossível. Sua coexistência não é possível na natureza das coisas.

Mas a sociedade recompensa você suficientemente por ser moral; ela lhe dá todo o ego que é possível dar — não só aqui, mas também depois da morte. Existem lugares, lugares especiais reservados para você no céu. O pecador está sofrendo aqui e vai sofrer também no inferno, e o assim chamado santo é respeitado aqui e vai ser respeitado no outro mundo também. Isso é uma estratégia, uma estratégia psicológica muito sutil da sociedade — para explorar você. Mas, por causa dessa estratégia, você perdeu completamente a noção do que é a verdadeira moralidade: uma moralidade que não seja ditada pelo medo, uma moralidade que não nasça da covardia, uma moralidade não guiada pelo medo.

Uma visão totalmente diferente da moralidade foi transmitida pelos budas, pelos seres despertos de todas as eras. Sua visão é a de que a verdadeira moralidade não deriva do escrúpulo, mas da consciência. Torne-se mais consciente, libere mais energia consciente em seu ser, exploda em consciência! — e então você verá que vive uma vida absolutamente sintonizada com a existência. Às vezes pode estar em sintonia com a sociedade e às vezes pode não estar, porque a própria sociedade nem sempre está em sintonia com a existência. Sempre que a sociedade estiver em sintonia com a existência, você estará em sintonia com a sociedade; sempre que a sociedade não estiver em sintonia com a existência, você não estará em sintonia com a sociedade. Mas a pessoa verdadeiramente moral nunca se importa, está até mesmo disposta a arriscar a vida. Sócrates fez isso, Jesus fez isso. Buda vivia em constante perigo. Sempre foi assim, pela simples razão de que eles viviam de acordo com a sua própria luz. Se isso se adapta à sociedade, muito bem; se não, tanto pior para a sociedade, mas não tem nada a ver com você. A sociedade é que precisa mudar. Sócrates não vai mudar, Jesus não vai mudar de acordo com a sociedade; Buda não vai viver de acordo com a multidão. A multidão é composta de cegos, de pessoas totalmente inconscientes, profundamente adormecidas, que não sabem nada de si mesmas. Segui-las é a coisa mais estúpida que alguém pode fazer no mundo. É preciso ser inteligente o bastante para despertar a própria consciência. A verdadeira religião consiste não em escrúpulo, mas em consciência. A religião consiste, na verdade, em criar um tipo diferente de moralidade, não a assim chamada moralidade comum, mas uma moralidade que seja espontânea, uma moralidade que nasça por si mesma e não seja imposta, uma moralidade que seja conseqüência da sua própria inteligência.

Cavaleiro de Nuvens: A Luta

Na luta, você pode criar a noção do ego; no desafio, na resistência, você pode criar a noção do ego. Se você desiste da luta e se deixa levar pela correnteza, aos poucos vai descobrir que você não existe separado do todo.

Todo mundo vai contra a correnteza, tentando lutar contra o rio — por quê? Porque, na luta, você pode criar a noção do ego; no desafio, na resistência, você pode criar a noção do ego. Se você desiste da luta e se deixa levar pela correnteza, aos poucos vai descobrir que você não existe separado do todo. É por isso que as pessoas amam o desafio, amam o perigo, querem lutar. Se não há ninguém com quem lutar, elas criam uma coisa ou outra com que lutar, porque somente na luta o ego pode se manter — e precisa ser mantido continuamente; é igual a uma bicicleta: você pedala e precisa continuar pedalando sempre, ou ela cai. É preciso pedalar continuamente.

O ego precisa de um pedalar contínuo. A cada momento você deve continuar lutando com uma coisa ou outra. Quando pára de lutar, você descobre, de repente, que a bicicleta caiu. O ego não consegue existir sem a luta.

Nunca obrigue ninguém a fazer nada, nunca se obrigue a fazer nada; deixe que as coisas aconteçam, a existência vai fazê-las acontecer por meio de você. Existem dois jeitos de fazer as coisas: uma é você fazer; a outra é a existência fazer por meio de você. Se você faz, você cria ansiedade para você mesmo, angústia, infelicidade, porque assim você se deixa guiar pelo resultado; você pensa: "Vou ter sucesso ou não?" Você fica mais preocupado com o resultado final do que com o processo. E então está constantemente preocupado; e, não importa o que aconteça, você se frustra.

Se você tem sucesso, você se frustra porque o sucesso não vai render o que você pensava que renderia. Se fracassa, é claro, você se sente infeliz.

As pessoas que fracassam são infelizes, as pessoas que têm sucesso são infelizes. Na verdade, aqueles que têm sucesso são mais infelizes do que aqueles que fracassam, porque um fracassado ainda pode ter esperança. Um homem que realmente teve sucesso não é capaz de ter esperança. Ele fica absolutamente desesperançado. Agora ele não tem para onde ir, ele teve sucesso — pergunte às pessoas muito ricas por que elas são tão infelizes. Um pobre, nós entendemos, mas por que os ricos são tão infelizes? Elas tiveram sucesso, e agora, sendo um sucesso, acabaram percebendo que ele é inútil, que o sucesso não lhes deu nada, ele simplesmente desperdiçou a vida inteira delas.

Vocês têm um provérbio; vocês dizem: "Nada faz tanto sucesso quanto o sucesso." Eu o modifiquei um pouco, e digo: "Nada fracassa tanto quanto o sucesso."

O fracasso fracassa, o sucesso fracassa. Só há uma possibilidade: a de que você conheça o seu ser. Essa é a única coisa que pode satisfazer, é a única coisa que nunca falha. Mas não faz parte de "tornar-se algo". Não tem nada a ver com o tempo. Agora mesmo, neste exato momento, isso está disponível. Já está ali, na sua mais completa glória. O rei está no trono dentro de você, mas você nunca olha para lá. Você está em busca de dinheiro, conhecimento, prestígio, poder, e então você sai. E a todos os que saem eu digo: entrem!

Abandone o aprendizado, aprenda a desaprender. Entre! Abandone o fazedor, aprenda a fazer as coisas sem fazê-las. É o maior de todos os segredos, o maior de todos os milagres que podem acontecer com alguém — você simplesmente se torna uma passagem, um veículo, uma flauta oca, e as músicas começam a fluir através de você.

Apenas não fique entre você e você mesmo. Por favor, ponha-se de lado, não fique no caminho. Se você for capaz de aprender apenas uma coisa, como se pôr de lado, terá aprendido tudo. E então tomará consciência de que tudo caminha por si mesmo. O todo está trabalhando. A parte não precisa trabalhar, precisa apenas participar. Precisa só não criar problemas ou conflitos. Precisa só estar com o todo.

Valete de Nuvens: A Mente

Não seja esperto nem calculista. Não tente ser esperto; quanto mais esperto, mais miserável. Com esta existência só é possível ter contato na inocência, uma inocência de criança.

Toda a sua esperteza vai levar você a falsidades, a novas falsidades, repetidas vezes. É preciso deixar de ser esperto. Veja, é o que Jesus quer dizer quando fala: "Quem não for como uma criança não entrará no reino." Ele está dizendo: abandone a sua esperteza. Não seja astuto nem calculista. Não tente ser esperto; quanto mais esperto, mais miserável. Com esta existência só é possível ter contato na inocência, uma inocência de criança. O seu conhecimento não vai ajudar, só a sua inocência.

Funcione a partir do estado de não saber, nunca a partir do estado de saber.

O homem instruído é o homem fechado — e vocês todos se tornaram instruídos. Vocês leram livros e escrituras; aprenderam na igreja, na faculdade, na escola, na universidade; acumularam muito conhecimento. Agora funcionam a partir desse conhecimento que acumularam, e ele é todo emprestado — não tem raízes em vocês; é puro lixo. Mas vocês continuam sentados em cima dele; ele lhes fortalece o ego, certamente. Quanto maior a pilha de conhecimento que você tem, mais alta a montanha sobre a qual você se senta. Você vai mostrando, exibindo os seus títulos; vai jogando o seu conhecimento para todos os lados; faz continuamente que os outros sintam que não sabem tanto quanto você. Mas é assim que você erra.

Quanto menos as pessoas sabem, mais teimosamente elas sabem. A pessoa estúpida é alguém que ficou muito teimoso em relação a coisas emprestadas — muito teimoso em relação ao seu cristianismo, ao seu hinduísmo, a isto e aquilo, muito teimoso. Quanto menos as pessoas sabem, mais teimosamente elas sabem. A teimosia é a marca do estúpido. Ele é fechado. Ele pode ser um grande pândita, um grande erudito, mas isso não faz a menor diferença; ele está fechado. Ele está cercado pelo seu conhecimento — não há sequer uma pequena abertura para que a existência entre nele; o coração fica indisponível. Ele vive cercado por uma parede; e empareda as pessoas do lado de fora. E a parede é de conhecimento — muito sutil, de tijolos quase invisíveis.

Quanto mais você compreende, menos você percebe que sabe. Quando a compreensão aumenta, o conhecimento começa a desaparecer — na mesma proporção. Quanto mais um homem compreende, menos instruído ele é. E o supremo, em matéria de saber, é a absoluta ignorância, a inocência, a pureza de criança.

Sim, Sócrates tem razão quando diz: "Sei apenas uma coisa: eu nada sei." Lembre-se disso: a percepção espiritual só se abre quando você abandona todos os princípios. Essa é a mensagem essencial do zen: livre-se dos princípios. Não se deixe confinar por nenhuma filosofia, nenhuma conjetura, por mais esperta que seja. Lembre-se de apenas uma coisa: a menos que algo seja a sua experiência, nada vale a pena guardar; abandone. Não junte lixo, não junte bagagem desnecessária.

É isso que eu observo, em milhares de pessoas: eu as vejo carregando tanta bagagem desnecessária, e por absolutamente nenhum motivo. Elas vão juntando qualquer coisa que passe pelo caminho. Lêem o jornal e juntam alguma porcaria que há nele. Conversam com pessoas e juntam alguma porcaria. E vão juntando... E, se elas começarem a cheirar mal... não será surpresa nenhuma!

Apenas pense em que gênero de pensamentos existe dentro da sua mente. Simplesmente sente-se, um dia, feche as portas e escreva, durante meia hora, o que quer que esteja passando pela sua mente, e você vai entender o que eu quero dizer quando falo de guidons de bicicleta, e... e talvez fique surpreso! Prometo que o guidom vai aparecer — apenas tente; está fadado a aparecer, não apenas uma vez, mas várias. Você continua... e eis o guidom. Apenas escreva, durante meia hora, e você ficará surpreso com o que acontece dentro da sua mente. Permanece como pano de fundo, está ali constantemente, cerca você como uma nuvem. Com essa nuvem você não pode conhecer a realidade; não pode alcançar a percepção espiritual. Essa nuvem precisa ser abandonada. E basta uma decisão sua para que ela desapareça. Você é que se apega a ela — a nuvem não está interessada em você, lembre-se.

Ás de Nuvens/A Mente: Consciência

CONSCIÊNCIA

Se você o compreende, o mundo é um grande artifício para tornar você mais consciente. Seu inimigo é seu amigo, e as maldições são bênçãos, e o azar pode se converter em sorte. Depende de uma única coisa: você encontrar a chave da consciência.

Então você consegue transformar tudo em ouro. Quando alguém o insulta, é o momento de estar alerta. Quando sua mulher olha para outro, e você se sente ferido, é o momento de estar alerta. Quando você está triste, soturno, deprimido, quando sente que o mundo inteiro está contra você, é o momento de estar alerta. Quando uma noite escura o envolve, é o momento de manter a luz acesa. E todas essas situações se mostrarão úteis — elas foram feitas para ser úteis.

Meu único trabalho é dar a você uma idéia nítida de como você pode vir a ser mais consciente; chamo isso de "meditação" — trabalhar, andar, sentar-se. Eu não acredito no que os outros chamam de meditação — faça durante aqueles dez ou vinte minutos, depois simplesmente volte a ser o seu eu comum por 24 horas, e depois medite por mais vinte minutos; isso é estúpido.

É como dizer a uma pessoa: respire todos os dias, de manhã, durante vinte minutos, e depois esqueça-se completamente de fazê-lo, porque você tem muitas outras coisas para fazer. E depois, na manhã seguinte, você pode respirar de novo. A meditação, para mim, é exatamente como a respiração. Portanto, o que quer que você esteja fazendo, onde quer que esteja, faça de modo mais consciente. Você pode, por exemplo, erguer a mão sem qualquer consciência, apenas inconscientemente, por hábito.

Mas você pode erguer a mão com total consciência. E ver a diferença que existe entre as duas coisas. O ato é o mesmo: um é mecânico, o outro é cheio de consciência, e a qualidade de cada um é totalmente diferente. Tente, porque é uma questão de gosto e de experiência. Quando estiver andando, apenas tente, por alguns minutos, andar conscientemente; esteja alerta a cada passo e você se surpreenderá ao ver como o seu andar terá uma qualidade totalmente diferente, ele será relaxado. Não haverá tensão, e uma súbita alegria nascerá do seu andar relaxado. E, quanto mais você adquire consciência dessa alegria, mais você vai querer estar desperto.

Quando estiver comendo, faça-o com consciência. As pessoas simplesmente enfiam comida na boca, sem sequer mastigá-la, apenas engolindo. Trinta milhões de pessoas na América estão sofrendo por comer demais. É um mundo estranho este em que vivemos: mil pessoas estão morrendo por dia, na Etiópia, por falta de comida; trinta milhões de pessoas estão morrendo na América por excesso de comida.

Essas pessoas sofrem de obesidade, excesso de gordura; não conseguem resistir a comer cada vez mais. Não há médico capaz de ajudá-las, a menos que elas tomem consciência, enquanto estiverem comendo — que elas tomem consciência. Acontecem algumas coisas como subproduto da consciência. O ato de comer é desacelerado. Elas começam a mastigar, pois, quando não mastiga a comida, você põe um peso desnecessário em todo o seu sistema.

O seu estômago não tem dentes. É preciso mastigar 42 vezes a cada mordida, para que tudo o que você come se torne líquido. Um homem consciente apenas bebe, porque, antes de engolir, ele transforma a comida sólida em líquido. E o estranho é que, quando mastiga 42 vezes, você saboreia muito mais. Uma mordida de um homem inconsciente rende 42 vezes mais sabor para o homem consciente. É simples aritmética: o homem inconsciente terá que dar 42 mordidas apenas para sentir o mesmo gosto, e vai engordar, e ainda vai estar insatisfeito. Ainda sente que quer comer mais. O homem consciente come apenas aquilo de que seu corpo precisa. Ele sente imediatamente quando não é mais necessário, quando a fome já passou; ele se satisfaz.

Assim, a meditação é uma abordagem de um tipo totalmente diferente. Ela deve se espalhar por todas as suas 24 horas. Mesmo ao dormir, fique alerta quanto à maneira como o sono chega até você: tão calmo, tão silencioso — mas você pode ouvir os seus passos. A escuridão aumenta, você relaxa — você sente os músculos, o corpo, as partes tensas que impedem o sono — e logo percebe que o corpo inteiro relaxou e o sono veio.

Bem devagar, acontece uma grande revolução. O sono vem, mas alguma coisa, lá no fundo de você, permanece desperta, mesmo no sono.

2 de Nuvens/A Mente: Esquizofrenia

A esquizofrenia não é uma doença de poucas pessoas — é o estado normal da humanidade. Todo mundo está dividido, separado.

Um cientista, B. F. Skinner, fez um experimento que vale a pena lembrar. Um rato branco foi o objeto do experimento. Fizeram o rato branco passar fome por dois ou três dias, de modo que ele ficasse bem faminto; de fato, ele era fome pura, estava disposto a atacar e comer qualquer coisa disponível. Então foi colocado numa plataforma. Logo abaixo da plataforma, havia duas caixas semelhantes, da mesma cor, do mesmo tamanho, e ambas continham alimento. O rato branco poderia pular tanto para a caixa da direita quanto para a da esquerda.

O rato pulou imediatamente, sem pensar nem por um momento. Mas, sempre que pulasse para a caixa da direita, levaria um choque elétrico. E havia um alçapão, para que ele caísse dentro de uma outra caixa por esse alçapão e não conseguisse chegar ao alimento. Sempre que pulasse para a caixa da esquerda, não haveria choque nem alçapão, de modo que ele alcançasse o alimento. Em dois ou três dias, ele aprendeu o truque: pulava para a caixa da esquerda e evitava a da direita.

Skinner, então, fez uma mudança: mudou as posições das caixas. O rato pulou para a caixa da esquerda e descobriu que ali havia um choque elétrico. Agora ele estava perturbado, confuso em relação ao que fazer ou não fazer. Então, antes de pular, ele tremia e vacilava, em dúvida. É assim o filósofo — um rato branco, tremendo, em dúvida quanto ao que deve ser feito: esquerda ou direita, como escolher. E quem sabe...? Mas depois ele se acostumou de novo. Skinner, então, fez outra mudança. O rato ficou tão confuso que, mesmo com fome, ele esperava, tremendo, olhando para uma caixa e para outra — como decidir? Então ele decidiu o que você decidiu: pulou entre as duas caixas — mas ali não havia comida, não adiantava nada. Depois de umas poucas semanas de experimento, o rato branco ficou louco, neurótico.

É o que está acontecendo com você: você ficou confuso — o que fazer, o que não fazer? E a única coisa que vem a mente é que, se é difícil escolher isso, então é melhor chegar a uma solução de compromisso e simplesmente pular para o meio. Você perde a vida quando pula para o meio. Se fosse possível, para o rato branco, escalar as duas caixas, ele faria isso. São as duas possibilidades abertas ao raciocínio: montar ambos os cavalos ou simplesmente pular para o meio deles. É preciso inteligência, uma inteligência muito penetrante e aguda, para compreender o problema — não existe outra solução. Não vou lhe dar solução nenhuma; a mera compreensão do problema já é a solução. Você compreende o problema, e o problema desaparece.

A esquizofrenia não é uma doença de poucas pessoas — é o estado normal da humanidade. Todo mundo está dividido, separado. Você pode observar isso em sua própria vida. Quando não está com uma mulher, com um homem, quando não está amando, você pensa, fantasia o amor. O amor parece ser o objetivo. Parece ser o próprio significado da vida. Quando você está com uma mulher, ou com um homem, e amando, você começa, de repente, a pensar em termos de espiritualidade: "Isso é apego, isso é possessividade, isso é desejo." Surge uma condenação.

Você não consegue ficar sozinho e não consegue estar com alguém. Quando está sozinho, anseia pela multidão, pelo outro. Quando está com alguém, começa a ansiar por estar sozinho. Isso deve ser compreendido, porque todo mundo precisa encarar esse problema. Você nasceu num mundo esquizofrênico. Deram-lhe padrões duplos. Ensinaram-lhe materialismo e, ao mesmo tempo, espiritualidade. A sociedade inteira continua lhe ensinando coisas contraditórias. Você nasceu num mundo esquizofrênico. Seus pais eram esquizofrênicos, seus professores eram esquizofrênicos, os padres, os políticos são esquizofrênicos. Eles continuam falando de dois objetivos diametralmente opostos, e continuam criando a divisão em você.

Nós temos uma ideologia muito dualista. Se Deus é luz, quem são as trevas? Portanto, deve haver dois deuses — o deus das trevas também. Portanto, não é só você que é esquizofrênico: sua existência inteira é esquizofrênica. Não é só você que está dividido: você dividiu a própria existência.

Não, o dia é belo, e a noite também. O dia é sagrado, é divino, e a noite também. Você talvez se surpreenda ao saber que a palavra "dia" vem da mesma raiz de "divino". Portanto, o dia é divino; e a noite? Ninguém diz que a noite é divina. A noite é divina também.

Mas a linguagem, por sua própria natureza, divide. Se eu lhe disser "você é meu amigo", terei dividido. Terei dito, assim, que, na minha opinião, alguém é meu inimigo, e você é meu amigo. Eu digo "eu te amo"; isso quer dizer que eu odeio alguém. Eu digo: "estou feliz"; isso quer dizer que a infelicidade não é bem-vinda. A linguagem divide. A linguagem se baseia na esquizofrenia, se baseia numa profunda divisão.

Tenha uma percepção que não faça distinções — do inferior e do superior, do material e do espiritual. Tenha uma percepção que seja transcendental, porque a onda é o oceano e o oceano é a onda. Estão juntos. Alguma vez você já viu o oceano sem as ondas, ou as ondas sem o oceano? Eles estão juntos. São duas polaridades de algo único. Existe unidade entre os dois. Existem tantas cores, sete cores, mas todas fazem parte de uma única luz. Todo o espectro pertence a um só raio de luz. Do negro mais escuro ao branco mais branco, todo o espectro pertence a algo único, a luz.

3 de Nuvens/A Mente: Isolamento Glacial

Eu sou contra o isolamento. Na verdade, você precisa dissolver o ego, não isolá-lo (...). Se quer renunciar a alguma coisa, renuncie a si mesmo.

Ser infeliz é isolar-se da existência. A infelicidade é um subproduto do isolamento, da desconexão.

Você está desligado da fonte divina; por isso está infeliz. A infelicidade só existe quando você se torna uma ilha; e nos ensinam a nos tornarmos ilhas, nos ensinam a nos tornarmos egos, ilhas pequenas, por isso existe tanta infelicidade no mundo.

Nós não somos feitos para ser ilhas; nós somos continentes. Não estamos separados; nada está separado de coisa alguma. Esta existência toda é uma interdependência, tudo está interligado. Ver essa interligação é ver Deus. Ver essa interdependência é abandonar a idéia de ego, e, desse ato mesmo de abandonar, surge a felicidade. Ser feliz é ser divino. E o ápice definitivo é que você não é feliz, você é a felicidade.

Essas três palavras devem ser lembradas: dependência, independência, interdependência. Dependente você é; independência você busca; interdependência eu ensino. Dependente você é, porque em toda parte você se sente dependente; em toda parte surge uma limitação. Quando ama alguém, você se torna dependente dele ou dela. Em toda parte a vida traz dependência. Daí vem a idéia de que, no mundo, você jamais pode ser independente. Fuja do mundo. Você pode fugir, mas independente você nunca conseguirá ser: só conseguirá ser enganado. Nem mesmo no Himalaia você é independente; você ainda depende do sol. Se o sol não se levanta, você morre imediatamente. Você depende do oxigênio e do ar: se o oxigênio desaparece, você morre. Você depende da água; depende de mil e uma coisas.

A dependência deve ser compreendida, e não evitada. Se você compreender a dependência, compreenderá imediatamente que, por trás dela, oculta, está a interdependência. A dependência é apenas uma interpretação errônea. Aqueles que alcançaram a sabedoria perceberam que não é só você que depende do sol; o sol também depende de você. Sem você, o sol não pode existir, assim como você não pode existir sem o sol. Até mesmo uma pequena folha de relva faria falta para a existência; a existência jamais estaria completa sem ela. Haveria no lugar uma lacuna, alguma coisa faltando.

Portanto, não pense que as estrelas são grandes e que uma folha de relva é muito pequena e insignificante. Na existência, nada é grande e nada é pequeno, porque a existência é uma só.

É o significado de "ecologia": interdependência. E a ecologia não é apenas desta terra, é da totalidade. A ecologia é um fenômeno espiritual.

A maioria das pessoas interpreta a interdependência como dependência. É uma noção equivocada, e, por causa dessa noção equivocada, surge um desejo equivocado: como ser independente. De um erro nasce outro erro. Você não pode ser independente; e, se alguém lhe ensinar independência — existem pessoas que ensinam isso —, estará ensinando estupidez pura. Você faz parte, você é um com o todo, uma onda no oceano. A onda não pode ser independente. Como pode a onda separar-se do oceano? E eu lhe garanto: o oceano também não pode separar-se da onda. Sem ondas, o oceano desaparece. As ondas não podem existir sem o oceano; o oceano não pode existir sem as ondas, porque as ondas são apenas o oceano ondulando. É por causa da linguagem que surge a separação. Você diz "as ondas" e "o oceano"; na verdade, não existem "as ondas" e "o oceano", é tudo uma coisa só — o oceano ondulando. As ondas não são coisas... são um processo, um movimento, uma respiração do oceano. Você e a sua respiração não são duas coisas distintas: você é a respiração, a respiração é você. Você respira, e a respiração respira você — são inseparáveis.

A vida é uma. Um outro nome dessa unidade, dessa interdependência, é "Deus". "Amor" é mais um nome, e ainda melhor do que "Deus", porque "Deus" foi destruído pelos teólogos. "Amor" ainda é um nome puro e virgem.

Eu não ensino o isolamento, porque quero que você deixe o ego, e não o mundo. O mundo não é o problema. O mundo é imensamente belo; é pura alegria; não há nada de errado com ele. Há algo de errado com você, não com o mundo. Abandone o errado que existe em você; não rejeite o mundo.

4 de Nuvens/A Mente: Adiamento

Sempre pense em cada momento como se fosse o último, como se absolutamente não houvesse amanhã. E então, o que você faz?

Comece a ser feliz. Não adie para amanhã; não diga "amanhã vou ser feliz". É a maneira certa de falhar para sempre. É agora ou nunca. Não é necessário adiar por um momento sequer. Sempre pense em cada momento como se fosse o último, como se absolutamente não houvesse amanhã. E então, o que você faz?

Vai continuar infeliz, neste momento, se não vai haver nenhum outro? Ainda vai persistir em ser infeliz? Você vai largar tudo e dizer: "Deixem-me dançar, deixem-me cantar, deixem-me ser! Chega desse absurdo todo — dessas trivialidades, desse lixo." Você vai se esquecer de todas as pequenas coisas que foram importantes até um minuto atrás, porque você pensava que iria viver para sempre.

Certa vez, um grande rei ficou muito furioso com seu primeiro-ministro — tão furioso que, num acesso de raiva, mandou a seguinte mensagem ao primeiro-ministro: "Este é o último dia da sua vida; amanhã de manhã, você estará morto." A casa do primeiro-ministro foi cercada pelas tropas, para que ele não pudesse fugir. Mas o rei estava perplexo, porque o primeiro-ministro nem sequer tentou. Era um homem poderoso, poderia ter dado um jeito — mas, em vez de escapar, convidou todos os amigos para virem até a sua casa.

Quando o rei ouviu que estava havendo uma festa — dança, música, comida, bebida —, ele próprio foi ver o que estava acontecendo. O primeiro-ministro estava louco? Pois amanhã era o último dia. E ele jamais vira o primeiro-ministro tão feliz em sua vida; ele estava simplesmente vibrando de alegria, pulsando, cintilando. Ficou muito feliz ao ver o rei. Convidou o rei para entrar e disse: "Venha e participe, porque este é o meu último dia. Eu decidi: por que desperdiçar este dia? Por que não aproveitá-lo? Por isso chamei todos os meus amigos. E você também veio — é uma graça imensa. Vamos dançar e cantar, porque eu nunca mais vou existir. Amanhã eu desaparecerei... que eu desapareça com dança. Vamos celebrar a noite inteira!"

O rei ficou tão impressionado que abraçou o primeiro-ministro e o perdoou, dizendo: "Você me ensinou uma das maiores lições que já recebi na vida."

É assim que deveríamos viver, pois cada momento é o último, até onde nós sabemos, porque do próximo não temos certeza. Portanto, seja feliz aqui e agora, seja feliz do começo ao fim. Depois que essa decisão é tomada, ela começa a mudar a sua vida. Os valores são outros: as coisas que foram importantes até este momento perdem a importância, e as coisas em relação às quais você pensava "um dia vou fazer isso" se tornam importantes. A raiva perde a importância; o amor passa a ser importante. A inimizade começa a parecer sem sentido; a amizade fica cheia de sentido.

Se você consegue viver lembrando-se constantemente da morte, você certamente se tornará um Buda. Buda mandava seus discípulos irem ao cemitério. Os principiantes tinham que ir e viver lá durante três meses, para que pudessem ver a morte acontecendo continuamente, pessoas sendo cremadas. No dia anterior, o monge vira aquele homem andando pela rua, feliz, e agora ele não existia mais. Dia após dia, as pessoas eram trazidas e cremadas — pois na Índia elas são sempre cremadas —, e ele via as pessoas desaparecendo nas chamas. Ele tinha que esperar, ficar sentado ali durante três meses, continuamente observando, observando, vendo como a vida é frágil, como o futuro é incerto, como a morte é uma certeza absoluta. E ao voltar, três meses depois, o monge era um homem totalmente diferente — com valores diferentes, com prioridades diferentes.

5 de Nuvens/A Mente: Comparação

Quando compara, você deixa de perceber; então acaba ficando sempre atento aos outros. E não há duas pessoas iguais, não pode haver. Cada indivíduo é único, e cada indivíduo é superior, mas essa superioridade não é comparável.

Certa vez, um discípulo foi a um mestre zen e perguntou: "Por que há algumas pessoas tão inteligentes e outras tão estúpidas? Por que há algumas pessoas tão bonitas e outras tão feias? Por que essa incoerência? Se Deus está em toda parte, se ele é o criador, então por que ele cria uma coisa feia e outra bonita? E não me fale de karma. Já ouvi todas essas respostas sem sentido — que, devido ao karma, às vidas passadas, uma é bonita e outra é feia. Não estou me referindo a vidas passadas. No começo, quando não havia ontem, como apareceu a diferença? Por que um foi criado bonito e o outro feio? E, se todos foram criados iguais, igualmente bonitos e inteligentes, como podem agir de maneiras diferentes? Como podem ter karmas diferentes?"

O mestre disse: "Espere! Isso é uma coisa tão secreta que só vou lhe dizer quando todos tiverem ido embora." Então, o homem sentou-se, ansiosamente, mas as pessoas continuavam indo e vindo, e não surgia oportunidade. Mas, ao anoitecer, todos haviam saído, e o homem disse: "E então?"

E o mestre disse: "Vamos sair." A lua estava se levantando, e o mestre levou-o até o jardim e disse: "Veja, aquela árvore ali é pequena, esta árvore aqui é bem alta. Eu vivo com essas árvores há muitos anos, e elas jamais suscitaram a questão de por que aquela árvore é pequena e esta árvore é grande.

"Quando havia em mim uma mente, eu me fazia a mesma pergunta, sentado debaixo dessas árvores. Depois, minha mente desapareceu, e a pergunta desapareceu. Hoje eu sei. Essa árvore é pequena, e aquela árvore é grande; não há problema nenhum. Veja! Não há problema nenhum."

A mente compara. Como você pode comparar quando não há mente? Como você pode dizer que essa árvore é pequena e aquela é grande?

Quando a mente desaparece, a comparação desaparece, e, quando não há comparação, a beleza da existência irrompe. Ela se torna uma erupção vulcânica, ela explode. E então você vê que o pequeno é grande e o grande é pequeno; e então todas as contradições se perdem, e se vê a consistência interior.

Existem três estados da mente: o descontentamento — um estado de comparação; comparar-se com aqueles que têm mais do que você, daí o descontentamento. Alguém tem um belo carro, e você anda a pé; você é um pedestre, e então fica descontente. O segundo estágio é o contentamento — você é um pedestre, e vê um mendigo que não tem pés: é comparar-se com o que tem menos do que você, mas ainda compararse. Descontentamento, um lado da moeda; contentamento, o chamado "contentamento" — o outro lado da mesma moeda. E o nome da moeda é "comparação". Quando joga fora a moeda completamente — ambos, contentamento e descontentamento —, você se vê, de repente, num estado de não-comparação. Esse é o verdadeiro contentamento. E então você não compara quem tem mais, quem tem menos. Na verdade, já não é uma questão de ter, agora é uma questão de ser. Ter nunca adianta nada.

Quando você se sente inferior, quando se compara com os outros e percebe que eles são superiores a você, o que você faz? O ego se sente ferido — você é inferior. Você simplesmente não consegue aceitar, de modo que precisa enganar a si mesmo e aos outros.

Há um outro tipo de superioridade, que é a ausência de inferioridade — e não o oposto dela. Você simplesmente não compara. E não comparando, como poderia ser inferior? Com quem você vai se comparar? Em relação a quê? Se você está sozinho, o que você é — inferior ou superior? Não é nenhum dos dois. Você não pode ser inferior porque não há ninguém acima de você; e não pode se declarar superior porque não há ninguém abaixo de você. Você não é superior nem inferior — e eu lhe garanto: essa é a superioridade da alma. Ela nunca compara. Compare, e surge a inferioridade. Não compare, e você simplesmente é — singular.

Não seja ambicioso; conquiste a sua superioridade intrínseca. Ela é intrínseca. Não precisa ser provada nem adquirida; você já a possui, você a tem. Já está aí — sempre esteve com você e vai continuar sempre com você. Seu próprio ser é superior, mas você não sabe que ser é esse. Você não sabe quem você é. Por isso tanto esforço para encontrar a sua identidade, para buscar, para provar que você é superior aos outros. Você não sabe quem você é.

Quando você sabe, não há nenhum problema. Você já é superior. E não é só você que é superior — tudo é superior. A existência toda é superior sem que nada seja inferior, porque a existência é una. Nem o inferior nem o superior podem existir. A mente não-ambiciosa termina percebendo isso.

❋

Na verdade, todo mundo é tão singular que toda comparação está errada, totalmente errada. Mas você não conhece a sua singularidade. Nunca entrou em seu próprio ser, você nunca encontrou a si mesmo. Nunca nem olhou nessa direção. Você está condenado a sentir-se inferior. Até mesmo as pessoas mais importantes da história, as pessoas que você considera muito importantes, todas se sentem inferiores de um modo ou de outro; talvez sejam modos diferentes de sentir-se inferior, mas ninguém consegue se sentir realmente superior — cada um sente falta de alguma coisa. Talvez não seja tão bonito quanto uma outra pessoa, talvez não seja tão saudável quanto uma outra pessoa, talvez não seja um músico tão bom quanto outro. Pode ser o presidente de um país, mas, quando o assunto é cantar, um mendigo pode fazê-lo sentir-se inferior. Pode ser o presidente de um país, mas talvez não seja tão rico. Há milhares de pessoas muito mais ricas.

A vida consiste em milhões de coisas, e, se você fica comparando constantemente... e é isso o que lhe ensinaram a fazer... Você foi criado de tal modo, educado de maneira tão estúpida que fica comparando constantemente. Alguém é mais alto do que você, alguém é mais bonito do que você, alguém parece mais inteligente do que você, alguém parece mais virtuoso, mais religioso, mais meditativo. E você está sempre num estado de inferioridade, sofrendo.

Olhe para dentro de si mesmo e vai vivenciar uma grande singularidade. E toda a inferioridade desaparece, evapora; foi criada por você e pela educação errada, foi criada por uma estratégia sutil — a estratégia da comparação. Quando conhece a sua singularidade, você é alegre, e portanto não é mais necessário seguir ninguém. Aprenda com todos. A pessoa inteligente aprende até com os idiotas, pois há coisas que só se pode aprender com os idiotas — porque eles são especialistas em idiotice. Prestando atenção neles, observando-os, você consegue no mínimo evitar algumas coisas na sua vida.

Você pode aprender com todos, não apenas com os homens mas também com os animais, com as árvores, com as nuvens, com os rios. Mas não se trata de imitar. Você não pode tornar-se um rio, mas pode aprender alguma característica semelhante à do rio: a fluidez, a entrega. Você pode aprender alguma coisa com uma rosa. Você não pode tornar-se uma rosa, não precisa tornar-se, mas pode aprender alguma coisa com ela. Você vê a rosa, tão delicada e mesmo assim tão forte diante do vento, da chuva, do sol. Quando anoitecer, ela terá morrido, mas não se importa com isso, está feliz no momento presente. Você pode aprender com a rosa como viver no momento. Agora mesmo a rosa está dançando ao sabor do vento, da chuva, sem medo, sem se preocupar com o futuro. Quando anoitecer, as pétalas vão murchar, mas quem se importa com o anoitecer? Este momento é tudo, e esta dança é tudo o que existe.

Aprenda alguma coisa com a rosa. Aprenda alguma coisa com o pássaro no seu vôo: a coragem — a coragem de ir ao ilimitado. Aprenda com todas as fontes, mas não imite. Isso só é possível, contudo, depois que você encontra o lugar certo por onde começar: a intimidade consigo mesmo.

6 de Nuvens/A Mente: O Fardo

A vida é constante ressurreição. A cada momento ela morre, a cada momento ela nasce de novo. Mas você continua carregando a sua mente velha; você nunca se ajusta a nada.

A vida é movimento, fluxo constante. Cada momento é novo. Mas e a mente? A mente nunca é nova. Ela sempre fica para trás. A própria natureza da mente é tal que ela não consegue se unir à vida. A vida continua, a mente fica para trás. Há sempre uma incoerência entre a vida e a mente — é necessário que seja assim.

Você vê uma flor: no momento em que você percebe que viu, ela não é mais a mesma — a vida se movimentou. Você vê um rio, mas não vê o mesmo rio outra vez. Não é possível. Heráclito disse: "Não é possível entrar duas vezes no mesmo rio." E eu lhe garanto: não é possível entrar no mesmo rio sequer uma vez — porque o rio corre continuamente.

No instante em que a mente reconhece algo, esse algo deixa de existir. A mente vai acumulando pegadas de mortos. Ali existiu vida uma vez, mas não está mais ali.

E nós somos treinados como mentes; esse é o problema. Você perde a vida, e vai continuar perdendo — a não ser que abandone a mente, a não ser que comece a viver a partir de um estado de não-mente. Então você estará unido à vida. Então a incoerência entre você e a sua mente desaparecerá. E você não viverá mais de acordo com certas idéias, porque as idéias são da mente. Você não viverá de acordo com nenhuma ideologia, religião, escritura, tradição — simplesmente viverá a partir do vazio do seu ser.

É difícil, no começo, até mesmo conceber como se pode viver a partir do vazio. Mas a partir do vazio todas as árvores crescem, e a partir do vazio as estrelas se movimentam, e a partir do vazio a existência inteira existe — e não há problema algum. Só o homem tem a idéia absurda de que, sem a mente, é difícil existir. Difícil, na verdade, é existir com a mente — porque a existência e a mente são duas dimensões separadas; não apenas separadas, mas contrárias. Se quiser ser coerente com a mente, você será incoerente com a vida.

Certa vez, havia um processo contra o mulá Nasruddin no tribunal, e o juiz perguntou a ele: "Que idade você tem, Nasruddin?"

E ele disse: "O senhor sabe, é claro, e todos sabem que eu tenho 40 anos."

O juiz ficou surpreso e disse: "Mas há cinco anos você esteve no tribunal, eu lhe perguntei e então você também disse que tinha 40 anos. Como é possível? Cinco anos depois, você ainda tem 40 anos?"

Nasruddin disse: "Senhor, eu sou um homem coerente. Quando digo que tenho 40 anos, fico com 40 anos para sempre — pode confiar em mim."

Se você é coerente com a mente, torna-se um homem confiável desse tipo. Você é coerente — mas absolutamente incoerente — porque a vida continua. Ela nunca é estática. Nem por um instante sequer a vida pára em algum lugar. A vida não sabe o que é repouso. Ela não tem tradição a seguir, não tem ideologia a imitar, não tem padrão fixado pelo passado. A vida é sempre uma abertura para o desconhecido.

A vida caminha em direção ao futuro; a mente caminha em direção ao passado. A mente está sempre fechada na experiência que já aconteceu, e a vida está sempre aberta para a experiência que nunca aconteceu antes. Como podem se encontrar? Como pode haver alguma possibilidade de encontro? Então, aos poucos, a mente se fecha por completo em si mesma. Não apenas isso: a mente chega a ter medo de ver o que é a vida.

O medo vem porque a mente sabe que, se você olhar para a vida, perceberá que está errado. Portanto, é melhor continuar de olhos fechados, não olhar para a vida. Interpretar a vida sempre de acordo com a mente. Não ouça a vida! Foi assim que você ficou surdo.

A vida é constante ressurreição. A cada momento ela morre, a cada momento ela nasce de novo. Mas você continua carregando a sua mente velha; nunca se ajusta a nada. E você sabe disso: nunca se ajusta a nada, nunca se ajusta a ninguém. Onde quer que você esteja, há algum problema. Alguma coisa sempre está faltando, ausente. Nunca nasce harmonia nos seus relacionamentos — porque a harmonia só é possível quando você é semelhante a um fluxo, em mutação, em movimento, em fusão com o novo.

Quando você se torna um rio de consciência sem forma, tudo se ajusta. Então você se ajusta à vida, e a vida se ajusta a você — tudo, de repente, está absolutamente certo.

7 de Nuvens/A Mente: Política

A nossa cultura, a nossa educação, a nossa religião — tudo isso nos ensina a ser hipócritas, de maneiras tão sutis que, a menos que você se aprofunde na busca, nunca vai descobrir o que está fazendo.

Enquanto você cresce, enquanto a sociedade o ensina a ser dessa maneira, a se comportar dessa maneira, você começa a ficar hipócrita, e a se identificar com a sua hipocrisia.

No jantar, eu disse a uma amiga que o primeiro homem a elaborar a máxima "A honestidade é a melhor política" deve ter sido alguém muito esperto. A honestidade não é uma política; e, se é uma política, não é honestidade: você é honesto porque isso compensa, e vai ser desonesto se compensar. A honestidade é a melhor política quando compensa; mas se, às vezes, ela não compensa, então a desonestidade é claramente a melhor política. A questão é: o que compensa?

E minha amiga lembrou que naquele dia mesmo ela tinha lido num livro, numa frase, duas palavras muito reveladoras. Ela nunca havia aproximado aquelas palavras: polir e política, polidez e política. O que é polidez? É uma espécie de política. Ambas as palavras derivam da mesma raiz. As três palavras — polir, polidez, política — têm todas a mesma raiz, significam a mesma coisa. Mas a polidez você considera uma característica boa. Você nunca pensaria nela em termos de política, mas é política. Ser polido é uma medida de defesa. Na Europa, você cumprimenta com um aperto de mãos. Por que você aperta com a mão direita? Por que não com a esquerda? Faz parte da política, na verdade. Apertar as mãos não é nada amistoso. É apenas um gesto que significa: "Minha mão direita está vazia; portanto, não se preocupe. E deixe-me ver se a sua mão direita está vazia também, se você não está segurando uma faca ou qualquer coisa assim." E, quando aperta com a mão direita, você não pode sacar a espada, pois, com a mão esquerda... a menos que você, por acaso, seja canhoto. É apenas um modo de dar à outra pessoa a certeza de que você não vai feri-la, e ela lhe dá a certeza de que não vai ferir você. Com o passar do tempo, tornou-se um símbolo de saudação mútua.

Na Índia, você cumprimenta com as duas mãos, mas isso também é simplesmente para mostrar que suas duas mãos estão vazias. É muito melhor do que o aperto de mãos, pois quem sabe da mão esquerda? Nem mesmo a mão direita, às vezes, sabe da mão esquerda, e, portanto, é melhor mostrar que ambas estão vazias; é muito melhor, e também muito mais polido. Mas você está dizendo: "Estou completamente indefeso. Você não precisa tomar cuidado nem se preocupar comigo. Pode relaxar." São símbolos que as pessoas aprenderam.

A nossa cultura, a nossa educação, a nossa religião — tudo isso nos ensina a ser hipócritas, de maneiras tão sutis que, a menos que você se aprofunde na busca, nunca vai descobrir o que está fazendo.

Por que você sorri quando encontra um amigo? Qual é a necessidade disso? Se não tem vontade de sorrir, por que sorri? Você precisa fazê-lo. É uma política que compensa, porque um dia você pode precisar da ajuda desse homem, e, se você sempre sorriu para ele, ele não poderá recusar. Se nunca sorriu para ele, e nunca disse nem um "oi", você não precisa sequer se incomodar em procurá-lo; ele vai expulsá-lo da casa dele, dizendo: "Vá para o inferno!" É preciso compreender todas essas camadas e livrar-se de todas elas.

Seja um observador, para não conseguir se identificar com nenhum sonho.

Meu esforço é para despertar você. Talvez seja difícil no começo, porque você vem sendo um mendigo há tanto tempo que vai pensar que estou lhe tomando seu reino. Por isso é uma jornada difícil.

Eu a tornei tão simples, na aparência, porque sei o quanto ela é difícil por dentro; torná-la difícil também por fora seria desumano. Portanto, na aparência, eu a tornei absolutamente simples — não pode ser mais simplificada — porque, por dentro, o verdadeiro trabalho é duro. Mas precisa ser feito. Se não o fizer, você terá vivido sem saber o que a vida é. Você terá existido de um modo que não se pode chamar de "viver", mas apenas de "vegetar".

Não seja um vegetal, um repolho, uma couve-flor. Sim, existem essas duas categorias de pessoas: os repolhos são as pessoas sem instrução, as couves-flores são repolhos com formação universitária; mas não há muita diferença.

A única coisa que faz diferença é: acorde!

❦

É difícil não abusar da própria autoridade. Muito difícil — porque, em primeiro lugar, as pessoas buscam a autoridade exatamente para abusar dela.

Você já ouviu a famosa máxima do lorde Acton, de que o poder corrompe. Não é verdade. A observação é correta em certo sentido, mas não é verdadeira. O poder jamais corrompe ninguém, mas ainda assim o lorde Acton está certo — porque nós sempre vemos gente sendo corrompida pelo poder. Como o poder é capaz de corromper as pessoas?

Por outro lado, na verdade, as pessoas corrompidas buscam o poder. É claro que, quando não têm poder, não têm como expressar sua corrupção. Quando têm poder, elas são livres. Então elas podem agir com o poder, sem se preocupar. Então elas se mostram como realmente são, revelam o seu verdadeiro rosto.

O poder não corrompe ninguém, as pessoas corrompidas é que se deixam atrair pelo poder. E, quando têm o poder, é claro, elas o utilizam para satisfazer todos os seus desejos e paixões.

Acontece. Uma pessoa pode ser muito humilde. Quando está buscando um cargo político, ela pode ser muito humilde, e você talvez a conheça — você talvez saiba que, durante a vida inteira, ela foi uma pessoa simples e humilde —, e você vota nela. No momento em que assume o poder, há uma metamorfose; não é mais a mesma pessoa. Todos ficam surpresos — como o poder corrompe?

Na verdade, aquela humildade era falsa, uma enganação. A pessoa era humilde porque era fraca. Era humilde porque não tinha poder. Tinha medo de ser esmagado por outras pessoas poderosas. Sua humildade era a sua política, a sua polidez. Ela não precisa mais temer, ninguém mais pode esmagá-lo. Agora ela pode ser o seu verdadeiro eu, agora ela pode expressar a própria realidade. Agora ela parece corrompida.

Em toda interação humana você vê isso acontecendo — as pessoas vão despejando sua autoridade em toda parte, tiranizando os outros ou sendo tiranizadas pelos outros. E, quando alguém o tiraniza, você imediatamente encontra alguém mais fraco, em algum lugar, para se vingar.

Quando o seu chefe o tiraniza no escritório, você chega em casa e tiraniza a sua mulher. E, se ela não for feminista, vai esperar até que o filho volte da escola para tiranizá-lo. E, se o filho for à moda antiga, e não americano, ele irá para o quarto e quebrará os brinquedos, porque são a única coisa que ele pode tiranizar. Ele pode mostrar o seu poder nos brinquedos. Mas isso continua indefinidamente. Parece que esse é o jogo. Essa é a política real.

Portanto, sempre que você tem alguma autoridade... E todo mundo tem uma ou outra autoridade. Não é possível encontrar ninguém, nem mesmo a última pessoa do mundo, que não tenha autoridade; até ela tem alguma autoridade, até ela tem um cachorro que possa chutar. Todo mundo tem alguma autoridade em algum lugar. Logo, todo mundo vive na política. Você pode não ser membro de nenhum partido político; isso não quer dizer que você não seja político. Se abusa da sua autoridade, você é político. Se não abusa da sua autoridade, você não é político.

Seja mais consciente para não abusar da autoridade. Isso vai lhe trazer uma luz bastante nova — como você funciona — e deixá-lo muito calmo e concentrado. Vai lhe proporcionar tranqüilidade e serenidade.

8 de Nuvens/A Mente: Culpa

A palavra culpa não deveria ser usada nunca. A própria palavra tem associações errôneas; e, ao usá-la, você fica preso nela.

O conceito de pecado é uma técnica para criar culpa nas pessoas.

Você precisa compreender toda a estratégia do pecado e da culpa. Se não fizer que uma pessoa se sinta culpada, você não conseguirá escravizá-la psicologicamente. É impossível aprisioná-la em determinada ideologia, em determinado sistema de crenças. Mas, quando cria na mente dela a culpa, você arranca tudo o que há de corajoso nela. Destrói tudo o que há de ousado nela. Reprime todas as possibilidades de que um dia ela venha a ser um indivíduo autônomo. Com a idéia de culpa, você praticamente assassina o ser humano potencial que existe nela. Ela jamais poderá ser independente. A culpa a obriga a ser dependente de um messias, de uma doutrina religiosa, de Deus, dos conceitos de céu e inferno e de tudo o mais.

Para criar culpa, você precisa apenas de uma coisa muito simples: comece a chamar os erros, os equívocos, de "pecados". São simplesmente erros, erros humanos. Mas, quando alguém comete um erro de matemática — dois mais dois, e a pessoa conclui que o resultado é cinco —, você não diz a ela que cometeu um pecado. Ela se descuidou, não prestou atenção no que estava fazendo. Estava despreparada, não fez o dever de casa. Certamente cometeu um erro, mas um erro não é um pecado. Um erro não faz com que ela se sinta culpada. No máximo, faz com que ela se sinta tola.

A culpa é uma idéia aceita por você. Você pode rejeitá-la, e ela pode ser rejeitada porque não faz parte da existência.

A culpa não é um fenômeno natural; ela é criada pelos padres. Por meio da culpa, eles exploraram a humanidade. Toda a história da pseudo-religião está contada na palavra "culpa" — é a mais venenosa das palavras. Cuidado com ela; nunca a use, porque, em sua mente inconsciente, ela tem raízes profundas também. Você não encontra culpa em nenhum animal; o animal simplesmente é. Ele não tem ideais, não tem artes; ele existe, simplesmente existe. Ele não tem perfeições a conquistar, por isso o animal é belo, inocente.

Os ideais corrompem. Quando tem um ideal para realizar, você nunca se tranqüiliza, e nunca fica à vontade, e nunca fica satisfeito. A insatisfação acompanha os ideais como uma sombra, e, quanto mais insatisfeito você está consigo mesmo, fica mais impossível realizar o ideal: é um círculo vicioso. Quando você não está insatisfeito consigo mesmo, quando aceita a si mesmo como é, o ideal pode ser realizado imediatamente. E eu enfatizo a palavra "imediatamente" — sem intervalo de tempo, neste exato momento, aqui e agora, você é capaz de perceber que você é perfeito; não é algo a ser alcançado no futuro, é algo que você sempre trouxe dentro de você. A perfeição é a sua natureza — perfeito você é.

❊

Sou contra a culpa — a culpa foi criada pelos padres —, mas existe um tipo diferente de culpa que não é criada pelos padres. E essa culpa é muito significativa. Essa culpa nasce quando você sente que há mais coisas na vida e que você não está se esforçando muito para atingi-las. Então você sente culpa. Você sente que, de algum modo, está criando barreiras ao seu próprio crescimento — que você é preguiçoso, letárgico, inconsciente, sonolento; que não tem nenhuma integração, que não consegue ir em direção ao seu destino. Então nasce uma espécie de culpa. Quando você sente que tem a possibilidade e não a está convertendo em ato, surge a culpa. Essa culpa é totalmente diferente.

Eu não estou falando da culpa que os padres geraram na humanidade. "Não coma isso, do contrário sentirá culpa; não faça aquilo, do contrário sentirá culpa"... Eles condenaram milhões de coisas; então, se você come, quando você bebe, faz isso ou aquilo, você é cercado de sentimentos de culpa. Não estou me referindo a essa culpa — essa culpa deve ser abandonada. Na verdade, essa culpa o ajuda a permanecer onde está. Esses sentimentos de culpa não lhe permitem conhecer a verdadeira culpa interior. Eles criam um grande estardalhaço por coisas pequenas: você come à noite, e os jainistas criam um grande estardalhaço — "Você é culpado, você é pecador. Por que foi comer à noite?" Ou então você se divorcia da sua mulher ou marido, e os católicos criam um sentimento de culpa em você — você fez algo errado. Não era errado viver com sua mulher e brigar continuamente, não era errado destruir sua mulher e destruir a si mesmo, não era errado destruir os filhos — exatamente entre vocês dois eles estavam sendo esmagados; sua vida inteira estava condicionada de modo errado. Não, isso não era mau; mas, quando sai do casamento, quando sai desse inferno, você se sente culpado.

Esses sentimentos de culpa não o deixam enxergar a verdadeira culpa espiritual, que nada tem a ver com política nenhuma, com sacerdócio nenhum, com religião ou igreja nenhuma. Esse sentimento de culpa é bastante natural. Quando você vê que pode fazer alguma coisa e não a faz, quando você vê o potencial que tem e não converte em ato, quando você vê que é portador de enormes tesouros sob a forma de sementes que poderiam dar flores, e não faz nada em relação a isso, e simplesmente continua infeliz — então você sente uma grande responsabilidade perante si mesmo. E, quando não cumpre com essa responsabilidade, você se sente culpado. Essa culpa é de tremenda importância.

9 de Nuvens/A Mente: Sofrimento

A felicidade não está do lado de fora, oposta ao sofrimento. A felicidade se encontra nas profundezas, oculta bem atrás do próprio sofrimento. Mergulhe no seu estado de sofrimento, e você encontrará a fonte da alegria.

Você está triste. Entre na sua tristeza, em vez de fugir para alguma atividade, para alguma ocupação, em vez de sair e ver um amigo ou um filme, ou ligar o rádio ou a TV. Em vez de fugir da tristeza, em vez de dar-lhe as costas, abandone toda atividade. Feche os olhos, entre na tristeza, veja o que ela é, por que ela é — e veja sem condená-la, pois, se a condenar, não será capaz de ver a totalidade dela. Veja sem julgar. Se você julgar, não será capaz de ver o todo. Sem julgamento, sem condenação, sem avaliação, apenas observe, veja o que é. Observe-a como uma flor, triste; uma nuvem, escura; mas observe-a sem julgamento nenhum, de modo a poder ver todas as facetas. E ficará surpreso: quanto mais fundo você for, mais ela começará a se dispersar. Quando uma pessoa consegue entrar no fundo de sua tristeza, descobre que toda a tristeza evaporou. Nessa evaporação da tristeza está a alegria, está a felicidade.

❋

Existem dois tipos de tristeza. A primeira é causal: você perdeu um amigo e fica triste; alguém morreu, e você fica triste — mas o tempo cura isso. Tem uma causa, e nada causado pode ser permanente. Você encontrará um novo amigo, terá um novo amante e se esquecerá disso; é necessário apenas tempo, e será curado. Mas há a tristeza existencial, que não tem causa. Ela persiste, não tem razão de ser; simplesmente está lá, como parte do seu crescimento.

Você tomou consciência da falta de sentido da vida. Você faz as coisas, mas tornou-se capaz de enxergar através delas; você sabe que são inócuas, daí a tristeza. Você sabe que está tudo bem, que elas mantêm você ocupado, mas está tudo bem, nada de mais; é uma ocupação. Você não está mais numa profunda ilusão, daí a tristeza; você está desiludido.

Você enxergou através das coisas em relação às quais tinha esperanças, mas agora você pode ver que nenhuma esperança tem fundamento, que nada vai acontecer, que pode continuar esperando e, um dia, virá a morte. E tudo acaba: o dinheiro, o relacionamento, a amizade; tudo, mais cedo ou mais tarde. Tudo chega a um beco sem saída, a um *cul-de-sac*, e então você fica paralisado. De um jeito ou de outro, para seguir em frente, você empurra a si mesmo e começa a fazer alguma outra coisa. É preciso fazer alguma outra coisa; do contrário, a vida será um peso grande demais, de modo que nós nos mantemos ocupados. Mas sabemos, lá no fundo, que é tudo fútil, que é uma história contada por um idiota. Quando isso acontece, é belo. É o começo da transformação. Você é um ser desiludido, e apenas um ser desiludido é capaz de buscar. Quando o mundo não tem esperança para você, você pode ir para dentro — quando o exterior fracassa completamente, mas completamente mesmo... porque enquanto há uma ligeira esperança, você continua procurando, permanece na ilusão. Quando você está completamente desiludido, quando o que é externo deixa de ter atrativos, quando você já viu e descobriu que é insatisfatório e agora chegou ao ponto de perceber que não há nada, que tudo é um deserto sem oásis, quando você vê que todos os oásis são apenas ilusões — você pode criá-los, mas, quando se aproxima, eles desaparecem —, então vem o salto quântico para o interior.

❃

Você é uma lâmpada para si mesmo. Quando Buda estava morrendo, esta foi sua última mensagem para o mundo. Ananda, seu principal discípulo, chorava e lamentava. E Buda disse: "Pare! O que está fazendo? Por que está chorando e lamentando?"

Ananda respondeu: "O senhor está nos deixando. Estive com o senhor por quarenta anos. Andei ao seu lado, dormi ao seu lado, comi ao seu lado, ouvi o senhor — eu era apenas uma espécie de sombra sua, e mesmo assim... O senhor estava disponível, e eu não consegui me tornar um iluminado. Agora estou chorando porque o senhor está partindo, está indo embora.

"Sem o senhor, parece-me impossível tornar-me um iluminado. Com o senhor, não consegui tornar-me. Perdi uma oportunidade tão grande. Sem o senhor... Agora não há esperança. É por isso que choro. Não choro porque o senhor está morrendo, pois sei que o senhor não pode morrer. Choro porque agora, para mim, não há esperança. Agora, com sua morte, começa minha noite escura da alma. Durante éons de tempo, durante milhões de anos, errarei pela escuridão. Por isso estou chorando — não pelo senhor, mas por mim mesmo."

Buda sorriu e disse: "Não se preocupe com isso, porque a sua luz está no seu próprio ser. Não estou tirando de você a sua luz. Eu não era a sua luz. Do contrário, você poderia tornar-se um iluminado — se estivesse em meu poder torná-lo um iluminado. Tornar-se é a sua capacidade mais interior; portanto, seja corajoso, Ananda, e seja uma luz para si mesmo... *appa deepo bhava*... seja uma luz para si mesmo."

Buda morreu e, depois de apenas 24 horas, Ananda atingiu a iluminação. O que houve? Esse é um dos mistérios. Durante quarenta anos, ele viveu com Buda, e apenas 24 horas depois de Buda morrer, ele atingiu a iluminação. A própria morte funcionou como um grande choque. E a mensagem final penetrou muito fundo.

Quando Buda estava vivo, Ananda ouvia mais ou menos o seguinte: "Tudo bem. Se eu desperdiçar hoje, amanhã ouvirei de novo; portanto, por que a pressa? Se essa manhã se desperdiçar, nada terá se desperdiçado; outras manhãs virão." Ele ouvia meio dormindo, meio acordado. E Buda dizia a mesma coisa, de novo, e de novo, e de novo; portanto, até quando ouvir? A pessoa começa a sentir que já sabe. A pessoa começa a sentir: "Sim, eu já ouvi isso antes; portanto, para quê? Por que não dormir um pouco? Um rápido cochilo cairia bem."

Mas, quando Buda estava para morrer, Ananda deve ter ficado alerta, completamente alerta. Ele estava realmente trêmulo — a própria idéia de errar pela escuridão, outra vez, durante milhões de anos. E Buda disse: "Não se preocupe; sua luz está dentro de você." Isso deu resultado.

Talvez tenha sido a primeira vez que ele ouviu. Deve ter desperdiçado aqueles quarenta anos. Pode ter sido a primeira vez que não esteve surdo. Teve clareza. A própria situação era tal que ele estava trêmulo da cabeça aos pés, tremendo nas bases mesmo. Buda estava indo embora... e, quando você conviveu com um homem como Buda durante quarenta anos, é difícil. A própria idéia de estar sem ele é difícil. É impossível acreditar.

Ananda deve ter pensado em cometer suicídio. Isso não é relatado nas escrituras budistas, mas eu afirmo que ele deve ter pensado em cometer suicídio. Essa idéia deve ter lhe ocorrido; é tão humano. Ele vive quarenta anos com Buda, e então Buda está para morrer, e nada lhe aconteceu. Ele continuava desértico, sem um oásis sequer. Perdera a oportunidade.

Sua visão deve ter ficado clara. Essa morte deve tê-lo penetrado feito espada. Deve ter sido um momento crucial. E Buda disse: "Seja uma luz para si mesmo"; e morreu. Morreu imediatamente. Foi seu último pronunciamento nesta terra: seja uma luz para si mesmo.

Isso deu resultado, penetrou o coração de Ananda, e em 24 horas ele atingiu a iluminação.

Essa fonte de luminosidade está dentro de você. Não está fora. Se você a procura fora, procura em vão. Feche os olhos e vá para dentro de si mesmo. Lá está... esperando desde a eternidade. É a sua natureza mais íntima. Você é luminosidade, o seu ser é luminoso. Essa luminosidade não é emprestada; é o seu cerne mais íntimo. Ela é você.

Você é luz — uma luz para si mesmo.

10 de Nuvens/A Mente: Renascimento

O verdadeiro sábio volta a ser criança. O ciclo se completa — parte da criança e volta à criança. Mas a diferença é grande (...). O primeiro nascimento é o do corpo, e o segundo nascimento é o da consciência.

Zaratustra divide a evolução da consciência em três símbolos: o camelo, o leão e a criança. O camelo é um animal de carga, disposto a ser escravizado, nunca rebelde. Nunca diz não. Ele é um crente, um seguidor, um escravo fiel. É o mais inferior na consciência humana.

O leão é uma revolução. O início de uma revolução é um "não" sagrado. Na consciência do camelo há sempre a necessidade de alguém que o conduza e lhe diga: "Farás isto." Ele precisa dos dez mandamentos. Ele precisa de todas as religiões, de todos os padres e de todas as escrituras sagradas, porque é incapaz de confiar em si mesmo. Ele não tem coragem, não tem alma e não anseia pela liberdade. Ele é obediente.

O leão é um anseio de liberdade, um desejo de destruir todas as prisões. O leão não precisa de nenhum líder; ele basta a si mesmo. Ele não permitirá que nenhum outro lhe diga: "Farás." É um insulto ao seu orgulho. Ele pode dizer apenas: "Farei." O leão é responsabilidade, e um enorme esforço de livrar-se de todas as prisões.

Mas o leão também não é o ápice do crescimento humano. O ápice ocorre quando o leão também passa por uma metamorfose e se torna criança. A criança é inocência. Não é obediência, não é desobediência; não é crença, não é descrença — é pura confiança, é um "sim" sagrado à existência, à vida e a tudo o que ela contém. A criança está no próprio ápice da pureza, da sinceridade, da autenticidade, da receptividade e da abertura à existência. São símbolos muito belos.

Zaratustra não é a favor dos fracos, não é a favor dos chamados humildes. Ele não concordaria com a idéia de Jesus de que "bem-aventurados os mansos", "bem-aventurados os pobres", "bem-aventurados os humildes, porque herdarão o reino de Deus". Zaratustra é absolutamente a favor de um espírito forte. Ele é contra o ego, mas não contra o orgulho. O orgulho é a dignidade do homem. O ego é uma falsa entidade, e nunca deveríamos pensar nos dois termos como sinônimos.

O ego é o que priva você da sua dignidade, do seu orgulho, porque o ego precisa depender dos outros, da opinião dos outros, do que os outros dizem. O ego é muito frágil. A opinião das pessoas muda, e o ego desaparece no ar.

O ego é um subproduto da opinião pública. É dado a você por eles; podem tirá-lo de você. O orgulho é um fenômeno totalmente diferente. O leão tem orgulho. O gamo na floresta — basta observar — tem um orgulho, uma dignidade, uma graça. Um pavão dançando, ou uma águia voando longe, no céu — eles não têm ego, não dependem da sua opinião; são simplesmente dignos como são. A dignidade nasce do seu próprio ser. Isso precisa ser compreendido, porque todas as religiões ensinam as pessoas a não serem orgulhosas — seja humilde. Elas criam um mal-entendido no mundo inteiro, como se ser orgulhoso e ser egoísta fossem sinônimos.

Zaratustra deixa absolutamente claro que ele é a favor do homem forte, do homem corajoso, do aventureiro que vai até o desconhecido, pelo caminho nunca trilhado, sem medo algum; ele é a favor do destemor. E é um milagre que o homem orgulhoso, e somente o homem orgulhoso, possa tornar-se criança.

A assim chamada humildade cristã é apenas um ego de cabeça para baixo. O ego se inverteu, mas está lá, e pode-se ver como seus santos são mais egoístas do que as pessoas comuns. São egoístas por causa de sua piedade, sua austeridade, sua espiritualidade, sua santidade, até mesmo de sua humildade. Ninguém é mais humilde do que eles. O ego tem um modo muito sutil de entrar pela porta dos fundos. Você pode atirá-lo para fora pela porta da frente — ele sabe que existe uma porta dos fundos.

Escolher o camelo como a consciência mais inferior é perfeitamente adequado. A consciência mais inferior, no homem, é fraca; ela deseja ser escravizada. Teme a liberdade porque teme a responsabilidade. Está disposta a ser oprimida sob tanta carga quanto possível. Alegra-se ao ser oprimida; assim também a consciência mais inferior — sobrecarregada de conhecimento, o qual é tomado de empréstimo. Nenhum homem digno se deixará carregar de conhecimento emprestado. Esse conhecimento está carregado de moralidade transmitida aos vivos pelos mortos; é um domínio dos mortos sobre os vivos. Nenhum homem digno permitirá que os mortos o governem.

A consciência mais inferior do homem permanece ignorante e inconsciente, desatenta, em sono profundo — porque recebe continuamente o veneno da crença, da fé, do nunca duvidar, do nunca dizer não. E, quando um homem é incapaz de dizer não, ele perdeu a dignidade. E, quando um homem é incapaz de dizer não... seu sim não significa nada. Percebe a conseqüência? O sim só faz sentido se você é capaz de dizer não. Se você é incapaz de dizer não, seu sim é impotente, não significa nada.

Assim, o camelo deve mudar para um belo leão, disposto a morrer, mas não a ser escravizado. Não se pode fazer do leão um burro de carga. O leão possui uma dignidade que nenhum outro animal pode reivindicar; ele não tem tesouros, não tem reinos; sua dignidade está apenas em seu estilo de vida — corajoso, sem medo do desconhecido, disposto a dizer não até mesmo ao risco de morrer. Essa disposição de dizer não, essa rebeldia, o purifica de toda a sujeira deixada pelo camelo — todos os traços e pegadas deixados pelo camelo. E só depois do leão — depois do grande não —, é possível o sim sagrado da criança.

A criança não diz sim porque tem medo. Ela diz sim porque ama, porque confia. Ela diz sim porque é inocente; é incapaz de conceber que possa ser enganada. Seu sim é uma enorme confiança. Não deriva do medo; deriva de uma profunda inocência. Somente esse sim pode levá-la ao ápice da consciência; é o que chamo de "divindade".

A criança é o ápice da evolução, no que se refere à consciência. Mas a criança é apenas um símbolo; não significa que as crianças sejam o modo mais superior de ser. A criança é utilizada simbolicamente, porque não é instruída. Ela é inocente, e, como é inocente, está cheia de deslumbramento, e, como seus olhos estão cheios de deslumbramento, sua alma anseia pelo misterioso. Uma criança é um começo, um passatempo; e a vida deveria ser sempre um começo e sempre uma brincadeira; sempre riso e nunca seriedade.

O sim sagrado é necessário, mas o sim sagrado só pode vir depois do não sagrado. O camelo também diz sim, mas é um sim de escravo. Ele é incapaz de dizer não. Seu sim não tem sentido. O leão diz: "Não!" Mas é incapaz de dizer sim. É contra a sua própria natureza. Faz que ele se lembre do camelo. De algum modo ele se libertou do camelo, e dizer sim naturalmente o faz lembrar-se outra vez — do sim do camelo e da escravidão. Não, o animal no camelo é incapaz de dizer não. No leão, ele é capaz de dizer não, mas incapaz de dizer sim.

A criança nada sabe do camelo e nada sabe do leão. É por isso que Zaratustra diz: "A criança é inocência e esquecimento..." Seu sim é puro, e ela tem todo o potencial de dizer não. Se não o diz, é porque confia, e não confia por ter medo; não vem do medo, mas da confiança. E, quando o sim vem da confiança, é a maior das metamorfoses, a maior das transformações que se pode esperar.

Esses três símbolos são bonitos de lembrar. Lembre-se de que você está onde está o camelo, e lembre-se de que deve ir até o leão, e lembre-se de que não precisa parar no leão. Deve caminhar ainda além, em direção a um novo início, à inocência e ao sim sagrado; à criança.

O NAIPE DE ARCO-ÍRIS (DISCOS, PENTÁCULOS)

Realidade — Simplicidade — Terra e Céu

Uma árvore é mais viva do que qualquer templo, do que qualquer igreja; um rio é mais vivo do que qualquer mesquita. Os ídolos de pedra nos seus templos estão mortos; uma árvore é mais viva. Você talvez seja supersticioso, mas a pessoa que cultua uma árvore não é. Pode não ter consciência do que faz, mas existe uma profunda reverência pela vida em todas as suas formas, um profundo respeito.

Onde quer que você sinta que a vida está florescendo, celebre-a, ame-a, dê-lhe as boas-vindas e você vai passar por uma grande transformação. Quando a vida é reverenciada em todas as suas formas, você fica mais vivo.

Realidade

Normalmente, tudo o que estamos acostumados a conhecer é apenas um jogo mental, porque nós olhamos para aquilo que é com os olhos sobrecarregados. Nossos espelhos estão cobertos de uma grande camada de poeira; tornaram-se incapazes de refletir o real. O real não está distante; o real está em torno de você. Você faz parte dele, ele faz parte de você. Você não está separado dele; nunca esteve separado dele. Não pode separar-se dele — não há como separar-se dele, é impossível. Mesmo assim, o espelho empoeirado é incapaz de refleti-lo. Quando a poeira tiver desaparecido, você ficará surpreso ao ver que tudo o que você buscava não precisava ser buscado, porque você já possuía.

A busca espiritual é tão ilusória quanto qualquer outra. A própria busca é ilusória, porque pressupõe uma coisa: que algo está faltando. E nada está faltando! Quando você pressupõe que alguma coisa está faltando, começa a procurar por ela; e então você procura em todas as direções. E, quanto mais você procurar, mais vai perder, porque, quanto mais procurar, mais empoeirado ficará o espelho. Quanto mais viaja para encontrar, quanto mais longe você vai procurando, mais você se frustra. Aos poucos você começa a pensar que está muito distante... "É por isso que não estou alcançando".

A realidade é exatamente o oposto: você não está alcançando porque você já é. Não está longe; está tão próxima que mesmo dizer "próxima" não é correto, pois até a proximidade é uma espécie de distância. Não está distante de modo algum; respira em você. Não está "lá"; está aqui. Não está num "quando"; está agora. Sempre esteve com você. Desde o início, toda pessoa é um Buda, toda pessoa é um espelho capaz de refletir.

Essa é a mensagem básica do Zen — e a maior mensagem que o homem já recebeu, e a maior força libertadora que já apareceu na terra. Mas você precisa encarar de um modo totalmente diferente. Tudo aquilo de que se precisa não é a busca, mas um novo modo de encarar as coisas. O comum, o vulgar, o modo normal precisa ser abandonado.

Simplicidade

O ZEN É SIMPLESMENTE O ZEN. Não há nada comparável a ele. Ele é único — único no sentido de que é o fenômeno mais comum e, mesmo assim, o mais incomum que já aconteceu com a consciência humana. É o mais comum porque não acredita em conhecimento, não acredita na mente. Ele não é uma filosofia, nem uma religião. Ele é a aceitação da existência comum do coração total com o ser total, sem desejar um outro mundo, supramundano, supramental. Ele não tem nenhum interesse por absurdos esotéricos, nenhum interesse, em absoluto, por metafísica. Ele não anseia pela outra margem; esta margem é mais do que suficiente. Sua aceitação desta margem é tão grande que, por essa aceitação mesma, ele transforma esta margem — e esta margem mesma se torna a outra margem:

> Este corpo mesmo, o Buda;
> Esta terra mesma, o paraíso do lótus.

Por isso ele é comum. Ele não quer que você crie uma determinada espécie de espiritualidade, uma determinada espécie de santidade. Tudo o que ele pede a você é que viva a sua vida com instantaneidade, com espontaneidade. E então o mundano se torna sagrado.

O grande milagre do Zen está na transformação do mundano em sagrado. E isso é imensamente extraordinário, porque a vida nunca havia sido encarada antes DESSE modo; a vida nunca havia sido respeitada antes DESSE modo.

O Zen vai além do Buda e além de Lao-tsé. É uma culminação, uma transcendência, tanto do gênio indiano quanto do gênio chinês. O gênio indiano teve seu ápice em Gautama Buda, e o gênio chinês teve seu ápice em Lao-tsé. E o encontro... a essência do ensinamento de Buda e a essência do ensinamento de Lao-tsé se mesclaram numa só corrente de modo tão profundo que agora não mais é possível a separação. Até mesmo fazer uma distinção entre o que vem de Buda e o que vem de Lao-tsé é impossível, de tão total que foi a união. Não é apenas uma síntese, é uma integração. Desse encontro nasceu o Zen. O Zen não é budista nem taoísta, e mesmo assim é as duas coisas.

Chamar o Zen de "Zen-budismo" não é correto, porque ele é muito mais. Buda não é tão concreto quanto o Zen. Lao-tsé é totalmente concreto, mas o Zen não é apenas concreto: sua visão transforma a terra em céu. Lao-tsé é concreto; Buda é não concreto; o Zen é ambas as coisas — e, por ser ambas, tornou-se o mais extraordinário dos fenômenos.

Terra e Céu

O futuro da humanidade vai se aproximar cada vez mais da perspectiva do Zen, porque o encontro do Oriente e do Ocidente só é possível por meio de algo como o Zen, que é concreto e, mesmo assim, não concreto. O Ocidente é muito concreto, o Oriente é muito não-concreto. Quem fará a ponte? Buda não pode ser a ponte; ele é tão essencialmente oriental, o próprio sabor do Oriente, a própria fragrância do Oriente, sem concessões. Lao-tsé não pode ser a ponte; ele é concreto demais. A China sempre foi muito concreta. A China faz parte mais da psique ocidental do que da psique oriental.

Não é por acaso que a China foi o primeiro país do Oriente a se tornar comunista, a se tornar materialista, a acreditar numa filosofia sem Deus, a acreditar que o homem é apenas matéria e nada mais. Não é um mero acidente. A China é concreta há quase cinco mil anos; é muito ocidental. Por isso Lao-tsé não pode fazer a ponte; ele é mais parecido com Zorba, o Grego. Buda é tão não-concreto que é impossível até mesmo tocá-lo — como poderia fazer a ponte?

Quando observo, em toda parte, o Zen me parece a única possibilidade, porque, no Zen, Buda e Lao-tsé se uniram. O encontro já aconteceu. A semente está ali, a semente daquela grande ponte capaz de unir o Oriente ao Ocidente. O Zen será o ponto de encontro. Ele tem um grande futuro — um grande passado e um grande futuro.

E o milagroso é que o Zen não se interesse nem pelo passado, nem pelo futuro. Todo o seu interesse está no presente. Talvez seja por isso que o milagre é possível: porque o presente faz a ponte entre o passado e o futuro.

O presente não faz parte do tempo. Já pensou nisso? Quanto dura o presente? O passado tem uma duração, o futuro tem uma duração. Qual é a duração do presente? Quanto tempo ele dura? Entre o passado e o futuro, é possível medir o presente? Ele é imensurável; quase não existe. Ele não é tempo de modo algum: é a penetração da eternidade no tempo.

E o Zen vive no presente. Todo o ensinamento é: como estar no presente, como sair do passado que não existe mais e como não se envolver com o futuro que ainda não existe e simplesmente fincar raízes, centrar-se naquilo que existe.

Toda a perspectiva do Zen é da instantaneidade, porque é a partir daí que se pode unir o passado e o futuro. Ele pode unir várias coisas: pode unir o Oriente e o Ocidente, pode unir o corpo e a alma. Ele pode unir mundos não passíveis de união: este mundo e o outro, o mundano e o sagrado.

Rei de Arco-Íris: Abundância

Uma coisa é certa: a existência transborda. É luxuosa, apesar de tudo. Não, não é uma existência pobre. A pobreza é uma criação do homem.

Vida significa abundância, riqueza, em todas as dimensões possíveis. Apenas repare na existência. Você acha que ela é pobre? Repare nos milhões de flores, em sua fragrância; repare nos milhões de estrelas. O homem ainda não é capaz de contá-las, e eu acho que ele nunca será capaz. A olho nu, sem instrumentos, você vê, no máximo, três mil estrelas — e isso não é nada. E essas estrelas estão se expandindo. Como uma flor se abrindo, com as pétalas começando a sair, o universo está continuamente florescendo, desabrochando, abrindo — com uma enorme velocidade. As estrelas estão se distanciando do centro. Não sabemos exatamente onde é o centro, mas uma coisa é certa: o universo inteiro está correndo, em movimento, vivo.

A maioria das pessoas não sabe para que serve a vida. Elas nunca viveram. Sim, elas nasceram; mas simplesmente nascer não basta para estar vivo. Elas vegetam, e pensam que estão vivendo. E, um dia, morrem sem ter vivido absolutamente nada. É esse o milagre que acontece no mundo inteiro: pessoas que nunca viveram estão morrendo — que impossibilidade! Mas acontece todos os dias. E muitos reconheceram isso no momento da morte, e disseram que é assim: "É estranho, mas, pela primeira vez, estou percebendo que desperdicei a vida."

Se você vive, para que você vive? Para amar, desfrutar, ter êxtases — do contrário, para que viver, afinal?

E o que é "riqueza"? É simplesmente tornar a vida cada vez mais desfrutável, cada vez mais amável, cada vez mais confortável, cada vez mais luxuosa.

O homem que não sabe nada do grande mundo da música é pobre; ele está perdendo um dos grandes luxos da vida. O homem que não sabe apreciar Picasso ou Van Gogh não sabe nada sobre cores. Se ele não é capaz de apreciar Leonardo da Vinci, como poderá apreciar um sol nascente, um pôr-do-sol? Milhões de pessoas vão vivendo sem nunca reconhecer um sol nascente, sem nunca parar um momento sequer para ver um pôr-do-sol e todas as cores que ele deixa no céu em seu rastro. Milhões de pessoas jamais erguem os olhos em direção ao céu ou ao seu esplendor.

Viver só pode significar uma coisa: viver a vida multidimensionalmente — música, poesia, pintura, escultura... mas tudo isso é luxo.

Rainha de Arco-Íris: Florescimento

FLORESCIMENTO

Este mundo precisa de apenas uma experiência: uma pureza não contaminada, não poluída nem mesmo pela presença de qualquer outra pessoa. A pura presença do seu próprio ser. Essa é, para mim, a libertação. Esse é, para mim, o florescimento máximo do ser.

Quando vem a primavera, todas as árvores se alegram, elas dão boas-vindas à primavera com suas flores, com seu perfume. No Oriente, laranja é a cor da primavera. Em hindi, chama-se *vasanti*; deriva de *vasant* — primavera. É a cor das flores.

Existem flores silvestres que explodem na primavera, e toda a floresta parece em chamas. Ela se cobre, de repente, de rosas e mais rosas; você não consegue nem ver as folhas.

A alegria também funciona da mesma forma para o seu florescimento interior, para as flores da sua consciência. Portanto, não seja sério. A seriedade é uma doença que precisa ser evitada. Você não deve ser triste; você deve ser alegre, apreciar as pequenas coisas da vida, sem se preocupar se vale a pena ou não apreciar essas coisas. O fundamental é apreciar; aquilo que você aprecia é imaterial.

Se você conseguir apreciar até as coisas comuns da vida, é claro que será capaz de apreciar as incomuns. E as pessoas que não conseguem apreciar o que é comum não têm capacidade para apreciar nada.

Omar Khayyam foi um mestre sufi que vem sendo muito incompreendido, porque Fitzgerald, que o traduziu pela primeira vez para a língua inglesa, não conseguiu entender a mensagem sufi. A tradução de

Fitzgerald é a melhor possível, e, como poeta, ele fez algo soberbo — foram feitas muitas traduções do *Rubayiat*, de Omar Khayyam, mas nenhuma superou a de Fitzgerald —, só que ele não era um místico, apenas um poeta. Assim, ele entendeu a linguagem, a beleza da linguagem, e traduziu-a com muita sinceridade — mas mesmo assim não entendeu o principal, e criou, no mundo inteiro, uma incompreensão em relação a Omar Khayyam.

As pessoas começaram a pensar que Omar Khayyam era apenas um bêbado — falava de vinho, música e dança —, que era apenas um materialista, que sua mensagem era "coma, beba e divirta-se". É uma grande incompreensão, e muito injusta com Omar Khayyam.

Vinho, música e dança são símbolos. O que ele quer dizer ao usá-los é que é preciso desfrutar as pequenas coisas — comer, beber —, simplesmente as pequenas coisas da vida, coisas sem nenhum caráter espiritual. Mas o caráter espiritual vem do seu desfrute, e não das coisas em si. É possível comer somente comida simples com tamanha alegria, com tamanha gratidão, com tamanha prece que isso se torna uma meditação. Passa a ter o caráter do sagrado.

Num de seus poemas, Omar Khayyam diz: "Quero avisar aos assim chamados santos que, se não desfrutarem esta vida, eles serão incapazes de aproveitar a outra." E ele está totalmente certo, porque desfrutar alguma coisa é uma arte, e esta vida é uma oportunidade de aprender essa arte.

Se você não consegue apreciar as flores aqui, como poderá apreciar as flores no paraíso?

Essas flores podem ser de ouro, cravejadas de diamantes — perpétuas, eternas —, mas, se você não consegue apreciar o momentâneo, nem mesmo o momentâneo, como poderá apreciar o eterno? O momentâneo lhe dá uma oportunidade de aprender a arte — é nisso que se resume a função da vida.

Portanto, você deve apreciar tudo o que for possível. Tente encontrar um modo de apreciar até mesmo coisas que parecem, à primeira vista, inapreciáveis. Se você procurar, vai encontrar um jeito de apreciar até mesmo as coisas inapreciáveis. Chega um momento em que você é capaz de apreciar tudo. É o momento em que a luz desce e a existência penetra em você — você está pronto, seu coração está pronto.

Cavaleiro de Arco-Íris: Desaceleração

DESACELERAÇÃO

Desacelere todos os seus processos. Se estiver andando, ande devagar — não há pressa. Se estiver comendo, coma devagar. Se estiver falando, fale devagar. Desacelere todos os processos, e você verá que pode ficar em silêncio com muita facilidade.

A pressa está matando muita gente. As pessoas se apressam por absolutamente nenhum motivo; não há para onde ir, mas elas se apressam. Vão ficando cada vez mais velozes. Ninguém se pergunta para onde vai nem por que está indo tão rápido. A velocidade parece ser, em si, o objetivo. Se aparecer alguém com alguma idéia que possa aumentar a velocidade, as pessoas estarão prontas a adotá-la imediatamente.

Há uma história muito antiga, uma história taoísta. Um homem inventou uma máquina para tirar água do poço. Ele foi a um jardim para visitar um velho — muito velho, um ancião —, que estava com seu filho pequeno. Os dois estavam tirando água, e era difícil, e o velho estava transpirando.

O homem disse: "Vocês já ouviram falar num artefato mecânico? Agora não é mais necessário fazer isso!"

O velho disse: "Fique quieto! Quando o menino sair, eu falo com você."

Quando o menino saiu para pegar comida, o velho disse: "Não diga bobagens aqui. Se ouvir isso, por ser jovem demais, ele pode se corromper."

O homem disse: "O que você está dizendo? Está louco? Eu disse que vocês podem poupar muito trabalho."

Mas o velho disse: "O que vai acontecer com o trabalho então? Para quê? Tenho 100 anos de idade e ainda estou vivo o bastante para fazer todo o meu trabalho. Se eu dependesse de artefatos mecânicos, já estaria morto. Meu filho é muito jovem — por favor, não diga essas coisas na frente dele, senão ele vai ouvir suas idéias, talvez se interesse. Os jovens são tolos!"

Esta não é apenas uma história. Na verdade, os primórdios de todas as grandes invenções, que são os fundamentos de todos os progressos científicos, se deram no Oriente — na China e na Índia. Mas a Índia e a China nunca as desenvolveram, por saberem muito bem que a velocidade e a eficiência apenas criam mais preocupação, tornam as pessoas tensas... e não se economiza tempo! Mesmo se você economizar tempo, o que vai fazer com ele? Você vai se preocupar nesse tempo.

Primeiro você ganha tempo, e então se preocupa, e fica ansioso, e quer um pouco de diversão — pois não sabe o que fazer com o tempo. Primeiro você economiza tempo, e então se pergunta como matar o tempo. Então há pessoas que vendem idéias de como tornar-se mais veloz e mais eficiente; e há pessoas que vendem idéias de como se divertir quando há tempo. É simplesmente absurdo!

Tente, portanto, uma coisa — desacelerar. E desacelerando, simplesmente, os processos comuns, você verá o quão pacífico você pode vir a ser. Coma devagar — demore! Se você come em vinte minutos, por que não em quarenta? Não há pressa! Aproveite a comida! Mastigue-a mais; ela será mais bem digerida. Seu corpo vai se sentir melhor, mais à vontade. E, é claro, quando o corpo está bem, a mente também se sente bem.

Vez por outra, quando não tiver nada para fazer, apenas sente-se, em silêncio, sem fazer nada. Não é preciso ler o jornal ou ver a TV. Não viva nessa ânsia louca de se ocupar. É um modo de fugir de si mesmo. Portanto, vez por outra, quando não tiver nada para fazer, alegre-se por ter algum tempo sem nada para fazer. Então apenas sente-se, em silêncio, observe as estrelas ou as árvores, ou simplesmente feche os olhos e olhe para dentro.

Se conseguir sentar-se em silêncio, todos os dias, durante pelo menos uma hora, em três ou quatro meses você vai saber, pela primeira vez, o que é a paz. E, a menos que saiba o que é a paz, você não sabe o que é a vida. Só quando a paz vem à tona, quando as fontes da paz começam a fluir em você, você sente realmente o significado da vida. Do contrário, é muito barulho por nada.

Valete de Arco-Íris: Aventura

A vida é uma aventura. Atraia constantes aventuras, e, sempre que vier um chamado do desconhecido, ouça-o. Arrisque tudo e adentre o desconhecido, porque essa é a única maneira de viver ao máximo.

A vida é uma grande aventura, mas as pessoas têm tanto medo que se prendem ao que é familiar, conhecido, bem definido, lógico. Nunca vão além da periferia da mente. Se você vive na mente, vive num túmulo. Se você vai além da mente, então nasceu de verdade, saiu do túmulo.

É possível viver cada momento com tanta intensidade, com tanta aventura que cada momento se torna um grande presente, de tanta alegria, de tanto êxtase que traz. Mas é preciso estar disposto a abandonar o passado. Não se deve permitir que o passado se acumule. Isso se torna um muro de prisão em torno de você. Morra a cada momento para o passado e permaneça tenro, e sua vida será então uma grande aventura. Só os que se aventuram conhecem a verdade. Os que não se aventuram vivem em cômodas mentiras.

Assim, a destreza tem alguma coisa de especial: a segurança. Falta-lhe alguma coisa: a aventura. Todas as vidas seguras, portanto, serão pouco-aventurosas, e todas as vidas aventurosas serão inseguras.

Se a sua situação não lhe permite fazer novos amigos a cada dia, use a beleza da velha amizade o quanto puder. Se você está numa situação em que os amigos mudam todos os dias, isso é muito bom — você tem a oportunidade de fazer novos amigos, amizades frescas. E amizades frescas têm uma beleza própria. A vida fica mais viva, há mais aventura. Ser amável com um estranho é mais aventuroso, confiar no estranho é mais aventuroso e mais perigoso, e sair encontrando pessoas novas a quem amar e com quem ser amável vai ajudar você a fluir mais. Eu entendo... Elas vão embora, repetidamente — no momento em que as coisas estão se estabilizando e você sente que as coisas estão ficando seguras, elas vão embora. Mas isso é bom!

Normalmente, nós gostaríamos de ter toda a alegria com toda a segurança — e isso não acontece. Não é assim que a vida é, e não se pode fazer nada quanto a isso. É o que nós queremos: o impossível. Queremos segurança, proteção, controle, e queremos alegria, celebração e grandes aventuras. Essas coisas não podem acontecer juntas, você não pode ter todas: elas não vêm no mesmo pacote.

※

A vida é uma aventura. Atraia constantes aventuras e, sempre que vier um chamado do desconhecido, ouça-o. Arrisque tudo e adentre o desconhecido, porque essa é a única maneira de viver ao máximo. Viver perigosamente é a única maneira de viver, e, no ápice da vida, chegamos a ter vislumbres de Deus. As pessoas que vivem de um jeito morno podem acreditar em Deus, mas não sabem que Deus existe. Sua crença é apenas uma formalidade social, é apenas uma crença e mais nada. Serve para encobrir sua ignorância, mas não é transformadora.

Ás de Arco-Íris/O Plano Físico: Maturidade

A maturidade nada tem a ver com as suas experiências de vida. Ela está diretamente relacionada com a sua jornada interior, com as experiências interiores.

Quanto mais uma pessoa se aprofunda em si mesma, mais madura ela está. Quando encontra o centro do próprio ser, ela está perfeitamente madura. Mas, naquele momento, a pessoa desaparece; só a presença permanece... O eu desaparece; só o silêncio permanece. O conhecimento desaparece; só a inocência permanece.

Maturidade, para mim, é sinônimo de realização: você chega à plenitude do seu potencial, ele se torna ato. A semente enfrentou uma longa jornada e floresceu.

A maturidade tem uma fragrância. Ela dá ao indivíduo uma imensa beleza. Dá inteligência, a inteligência mais afiada possível. Torna-o só amor e mais nada. Sua ação é amor, sua não-ação é amor; sua vida é amor, sua morte é amor. Ele é apenas uma flor de amor. O Ocidente tem definições muito infantis de maturidade. Com "maturidade", o Ocidente quer dizer que você não é mais inocente, que amadureceu com as experiências de vida, que não pode ser enganado facilmente, não pode ser explorado, que tem dentro de si mesmo uma espécie de rocha — uma proteção, uma segurança.

Essa definição é bem vulgar, mundana. Sim, você encontra, no mundo, gente madura desse tipo. Mas o modo como eu encaro a maturidade é totalmente diferente, diametralmente oposto a essa definição. A maturidade não faz de você uma rocha; ela o torna muito vulnerável, muito suave, muito simples.

A maturidade, para mim, é um fenômeno espiritual.

2 de Arco-Íris/O Plano Físico: Momento a Momento

A mente não consegue confiar no momento; ela está sempre com medo, por isso planeja. É o medo que planeja, e ao planejar, tudo lhe escapa — tudo o que é belo e verdadeiro, tudo o que é divino você não percebe.

A vida é um grande fluxo, nada permanece igual, tudo se move. Heráclito disse que você não pode se banhar duas vezes no mesmo rio — como é possível planejar? Quando você se banha pela segunda vez, muita água já correu; não é o mesmo rio. Planejar é possível quando o passado se repete. Mas o passado nunca se repete, a repetição nunca ocorre — mesmo se você vir alguma coisa se repetindo, é apenas porque você não consegue ver o todo.

Heráclito, mais uma vez: ele diz que há um novo sol a cada dia. "É claro", dirá você, "é o mesmo sol" — mas não pode ser o mesmo, não há possibilidade de ser o mesmo. Muita coisa mudou: o céu inteiro está diferente, todo o padrão das estrelas está diferente, o próprio sol está mais velho. Agora os cientistas dizem que, em quatro milhões de anos, o sol vai morrer, sua morte está se aproximando — porque o sol é um fenômeno vivo, e está muito velho; precisa morrer.

Os sóis nascem, vivem — e morrem. Quatro milhões de anos, para nós, é muito tempo; para o sol, não é nada, é como se ele estivesse para morrer no momento seguinte. E, quando o sol morrer, toda a família solar desaparecerá, porque o sol é a fonte. O sol está morrendo a cada dia, e ficando cada vez mais velho — ele não pode ser o mesmo. A energia se perde a cada dia — uma grande quantidade de energia é lançada nos raios. O sol está menor a cada dia, exaurido. Não é o mesmo, não pode ser o mesmo.

E, quando o sol se levanta, ele se levanta sobre um mundo diferente, e o observador também não é o mesmo. Ontem talvez você estivesse cheio de amor; seu olhar, portanto, era diferente, e é claro que o sol parecia diferente. Você estava tão cheio de amor que uma certa poesia o rodeava, e você enxergava através dessa poesia — o sol talvez tenha parecido um deus, como pareceu aos visionários dos Vedas. Eles chamavam o sol de Deus — deviam estar cheios de muita poesia. Eram poetas, apaixonados pela existência; não eram cientistas. Não procuravam saber o que era a matéria, procuravam saber o que era a atmosfera. Veneravam o sol. Devem ter sido pessoas muito felizes e bem-aventuradas, porque você só é capaz de venerar quando sente uma bênção; você só é capaz de venerar quando sente que sua vida inteira é uma bênção.

Talvez ontem você tenha sido poeta; talvez hoje você não seja poeta de modo algum — porque a todo instante o rio está correndo dentro de você. Você também muda. Ontem as coisas se encaixavam umas nas outras, hoje tudo está uma confusão: você está com raiva, deprimido, triste. Como pode o sol ser o mesmo, se o observador mudou? Tudo muda; portanto, o homem dotado de discernimento jamais planeja exatamente o futuro, e não pode planejar — mas está mais preparado para encarar o futuro do que você. Esse é o paradoxo. Você planeja, mas não está preparado.

Na verdade, planejar significa que você se sente inadequado; é por isso que você planeja — do contrário, por que planejar? Um convidado está para chegar, e você planeja o que vai dizer a ele. Que absurdo! Quando o convidado chegar, você não pode ser espontâneo? Mas você tem medo, não acredita em si mesmo, não tem confiança; você planeja, ensaia. Sua vida é uma representação; não é real, porque o ensaio só é necessário para a representação. E lembre-se: quando você ensaia, o que quer que aconteça será uma representação, e não a realidade. O convidado ainda não chegou, e você já está planejando o que vai dizer, como vai bajulá-lo, como vai responder; você já está dizendo coisas. O convidado, na mente, já chegou — você está falando com ele.

Na verdade, quando o convidado chegar, você estará farto dele; quando ele chegar, já terá passado tempo demais com você — você estará cansado, e o que quer que diga não será verdadeiro nem autêntico. Não virá de você; virá da memória. Não surgirá da sua existência; virá do ensaio que você estava fazendo. Será falso — e não será possível encontro nenhum, pois como pode uma pessoa falsa encontrar-se com alguém? E talvez o mesmo se passe com o convidado: ele também estava planejando, ele também já está farto de você. Já falou demais e agora quer ficar em silêncio, e o que quer que ele diga virá do ensaio.

Então, sempre que duas pessoas se encontram, há quatro pessoas se encontrando — pelo menos; é possível que existam mais. Há duas verdadeiras em segundo plano e duas falsas se conhecendo e se encontrando. Tudo é falso, porque vem de um planejamento. Mesmo quando ama alguém, você planeja, e ensaia — todos os movimentos que vai fazer, como vai beijar, os gestos —, e tudo fica falso. Por que não confia em si mesmo? Quando chegar o momento, por que não confia em sua espontaneidade? Por que não pode ser verdadeiro?

A mente não consegue confiar no momento; ela está sempre com medo, por isso planeja. Planejamento significa medo. É o medo que planeja, e, ao planejar, tudo lhe escapa — tudo o que é belo e verdadeiro, tudo o que é divino você não percebe.

Milhões de possibilidades estarão lá. Não as determine de antemão. Apenas esteja consciente e alerta, e deixe as coisas acontecerem.

3 de Arco-Íris/O Plano Físico: Orientação

Nós perdemos o contato com o guia interior. Todo mundo nasce com esse guia interior, mas ninguém deixa que ele trabalhe, que cumpra a sua função. Ele está quase paralisado. Mas pode voltar a viver.

Os mestres zen ensinam a arte de manejar a espada como meditação, e dizem: "Esteja com o guia interior a cada momento; não pense. Deixe que o ser interior faça o que quiser. Não interfira com a mente."

Isso é muito difícil, porque a nossa mente é treinada demais. A escola, a universidade, toda a cultura, todo o padrão de civilização, tudo isso treina a nossa cabeça. Nós perdemos o contato com o guia interior. Todo mundo nasce com esse guia interior, mas ninguém deixa que ele trabalhe, que cumpra sua função. Ele está quase paralisado. Mas pode voltar a viver.

Não pense com a cabeça. Não pense nada mesmo. Apenas vá em frente. Tente, em algumas situações. Vai ser difícil, porque o velho hábito será começar a pensar. Você talvez se confunda muitas vezes, porque não será capaz de saber o que vem do guia interior e o que vem da superfície da mente. Mas logo saberá como é a sensação, a diferença. Quando alguma coisa vem de dentro, ela sobe a partir do umbigo. Você consegue sentir o fluxo, o calor subindo a partir do umbigo. Sempre que a mente pensa, é apenas na superfície, na cabeça, e depois desce. Quando a mente decide alguma coisa, você precisa forçá-la para baixo. Quando o guia interior decide, alguma coisa fervilha em você. Vem do cerne profundo do ser, em direção à mente. A mente o recebe, mas não vem dela. Vem de algo além — e é por isso que a mente se assusta. Para a razão, é confiável, porque vem de trás — sem nenhuma razão, sem nenhuma prova. Simplesmente fervilha.

Tente, em certas situações. Você se perdeu, por exemplo, numa floresta. Tente. Não pense — apenas feche os olhos, sente-se, fique meditativo, e não pense. Pois é fútil — como você pode pensar? Você não sabe. Mas pensar se tornou um hábito tão forte que você continua pensando, mesmo nos momentos em que isso não vai adiantar. O pensamento só consegue pensar no que já é conhecido. Você está perdido numa floresta, não tem mapa, não há ninguém a quem perguntar. No que você está pensando? Mas você pensa, mesmo assim. Esse pensamento será apenas uma preocupação, não um pensamento. E, quanto mais preocupado você ficar, menos competente poderá ser o seu guia interior.

Despreocupe-se. Sente-se debaixo de uma árvore e simplesmente deixe que os pensamentos se esgotem e parem. Apenas espere; não pense. Não crie o problema; apenas espere. E, quando você sentir chegar um instante de não-pensamento, levante-se e comece a andar. Para onde quer que o seu corpo vá, deixe que ele vá. Seja apenas testemunha. Não interfira. O caminho perdido por ser encontrado muito facilmente. Mas a única condição é: "Não interfira com a mente."

Isso aconteceu muitas vezes inconscientemente. Os grandes cientistas dizem que, sempre que se faz uma grande descoberta, nunca é por meio da mente; é sempre por meio do guia interior.

Madame Curie tentou arduamente resolver um problema matemático. Deu o melhor de si, fez tudo o que era possível. E depois se cansou. Por dias a fio, semanas a fio, ela estivera trabalhando sem nenhum resultado. Estava se sentindo simplesmente enlouquecida. Nenhum caminho levava à solução. Até que, uma noite, completamente exausta, ela caiu na cama e dormiu. E, durante a noite, no sonho, a conclusão fervilhou. Ela estava tão preocupada com a conclusão que o sonho se interrompeu e ela acordou. Escreveu a conclusão imediatamente — pois no sonho não havia processo, mas apenas a conclusão. Escreveu-a num bloco de anotações e em seguida voltou a dormir. Pela manhã, ela estava perplexa; a conclusão estava certa, mas ela não sabia como a tinha obtido. Não havia processo, não havia método. Ela tentou, então, descobrir o processo; agora a tarefa era mais fácil, porque a conclusão estava disponível, e é fácil fazer o caminho de volta a partir dela. Ganhou o prêmio Nobel por causa desse sonho — mas sempre se perguntou como pode ter acontecido.

Quando a mente fica exausta e não consegue fazer mais nada, ela simplesmente recua. Nesse momento de recuo, o guia interior pode dar dicas, pistas, chaves. O homem que ganhou o prêmio Nobel por descobrir a estrutura interna da célula humana viu-a num sonho. Viu a estrutura inteira da célula humana, da célula interior, no sonho, e depois, pela manhã, simplesmente fez um desenho. Ele próprio não era capaz de acreditar que poderia ser daquele modo, e precisou trabalhar durante anos. Depois de anos de trabalho, ele pôde concluir que o sonho era verdadeiro.

Com madame Curie aconteceu que, ao saber desse processo interior, do guia interior, ela decidiu experimentá-lo. Certa vez, diante de um problema que queria resolver, ela pensou: "Por que me preocupar, por que não tentar? Apenas vá dormir." Ela dormiu bem, mas a solução não apareceu. Então ela ficou perplexa. Tentou muitas vezes; quando havia um problema, ia dormir imediatamente. Mas a solução não aparecia. Primeiro o intelecto precisa ser testado totalmente; só então a solução pode fervilhar. A cabeça precisa ficar completamente exausta; do contrário, vai continuar funcionando, mesmo durante o sonho.

Hoje, portanto, os cientistas dizem que todas as grandes descobertas são intuitivas, e não intelectuais. É o significado do guia interior.

Perca a cabeça e entre nesse guia interior. Ele está lá.

4 de Arco-Íris/O Plano Físico: O Avarento

A generosidade é a verdadeira riqueza.

Os pobres são sempre generosos; os ricos, nunca. É assim que eles ficam ricos. Se um rico é generoso, houve uma revolução. Um rico se torna generoso somente quando atingiu uma profunda compreensão de que as riquezas são inúteis. Só quando ele toma conhecimento de que não vale a pena receber nada do que este mundo é capaz de dar é que a generosidade se torna possível — e então ele começa a compartilhar.

Do contrário, você continua acumulando cada vez mais. A mente continua pedindo mais. Não tem fim. Se você não está alerta, nem mesmo todas as riquezas de todos os mundos serão suficientes — porque a mente não se importa com o que você tem. Ela simplesmente diz: "Mais!"

Diz-se que quando Alexandre, o Grande estava a caminho da Índia, encontrou um grande místico, Diógenes. Diógenes é um dos grandes sufis. Diógenes vivia nu, como os animais. Era belo em sua nudez — é por causa da feiúra que tentamos esconder, e não da beleza.

A mente quer cada vez mais. Ela não quer saber o que você tem: você pode ser um mendigo — e ela pede mais; você pode ser um imperador — e ela pede mais. A natureza da mente é pedir mais. O que você tem não importa. É da natureza da mente simplesmente continuar pedindo mais. Um rico pede mais, e continua pobre. Ele deseja mais, e continua pobre. É difícil encontrar um homem realmente rico.

A generosidade é a verdadeira riqueza.

E, para ser generoso, para compartilhar, você não precisa de muito. Para ser generoso, você precisa apenas compartilhar tudo o que tem. Você pode não ter muito — não é essa a questão. Quem tem muito? Quem consegue, um dia, ter o bastante? Nunca é muito, nunca é o bastante. Você talvez não tenha absolutamente nada, talvez seja apenas um mendigo na rua, mas ainda assim você pode ser generoso.

Você não é capaz de sorrir, quando um estranho passa por você? Você é capaz de sorrir; é capaz de compartilhar o seu ser com um estranho, e assim você estará sendo generoso. Você não é capaz de cantar, quando alguém está triste? Você é capaz de ser generoso — sorrisos não custam nada. Mas você ficou tão avarento que, antes mesmo de sorrir, pensa três vezes: "Sorrir ou não sorrir?" "Cantar ou não cantar?" "Dançar ou não dançar?" — na verdade, "ser ou não ser?".

Compartilhe o seu ser, se você não tem nada. É a maior das riquezas — todos nascem com ela. Compartilhe o seu ser! Estenda a mão, vá até o outro com amor no coração. Não pense que todos são estranhos. Ninguém é. Ou todo mundo é. Se você compartilha, ninguém é. Se você não compartilha, todo mundo é.

Você pode ser muito rico, mas avarento, uma pessoa que não sabe compartilhar. E assim seus próprios filhos são estranhos, sua própria mulher é estranha — pois como se pode conhecer um avarento? Ele está fechado. Ele já está no túmulo. Como se pode chegar perto de um avarento? Quando você se aproxima, ele foge. Ele está sempre com medo, pois, sempre que alguém se aproxima, começa o compartilhar. O avarento sente perigo até mesmo num aperto de mão, pois dali — quem sabe? — pode nascer uma amizade, e portanto existe perigo.

O avarento está sempre alerta, em guarda, para não deixar que ninguém chegue perto demais. Ele mantém todo mundo à distância. Um sorriso é perigoso, porque diminui a distância. Quando você sorri para um mendigo na rua, a distância é superada. Ele não é mais um mendigo; torna-se um amigo. Agora, se ele tiver fome, você terá de fazer alguma coisa. É melhor continuar sem sorrir. É seguro, mais econômico, menos perigoso — não há risco.

Não se trata de compartilhar alguma coisa. Trata-se de simplesmente compartilhar — tudo o que você tem! Se você não tiver mais nada, tem um corpo quente — pode sentar-se perto de alguém e dar-lhe o seu calor. Pode sorrir, dançar, cantar; pode rir e ajudar o outro a rir.

5 de Arco-Íris/O Plano Físico: O Forasteiro

Assim que alcança o centro do seu ser, você não é mais um forasteiro. Pela primeira vez, você está dentro.

Todos são forasteiros; por mais que finja, você continua sendo forasteiro. A menos que entre em Deus, você continua forasteiro nesta existência. Nós fingimos, tentamos criar um pequeno oásis de relacionamentos — amigos, parentes, filhos, marido, mulher — e tentamos nos esconder atrás dessas coisas. Mas a morte vem e destrói tudo, e, de repente, estamos nus em nossa estranheza.

Não, neste mundo você não consegue estar dentro a menos que vá para Deus. Este mundo pertence a Deus. Só quando pertence a Deus você se torna parte da existência — do contrário, não. Essas árvores continuarão sendo estranhas para você, e também os pássaros, o sol, a lua, as areias, a chuva. Tudo continuará sendo estranho, a não ser que você entre em contato com o divino. Com esse contato, toda a qualidade de vida muda.

❦

Não pertencer é uma das grandes experiências da vida. Ser um absoluto forasteiro, nunca sentir-se parte de nada é uma grande experiência de transcendência.

Um turista americano foi a um mestre sufi. Durante muitos anos ouvira falar dele e se apaixonara profundamente por suas palavras, por sua mensagem. Por fim, decidiu ir até ele. Quando entrou na sala, ficou surpreso — era uma sala totalmente vazia! O mestre estava sentado; não havia mobília nenhuma! O americano era incapaz de conceber um espaço vital desprovido de qualquer mobília. Imediatamente perguntou: "Senhor, onde estão os seus móveis?" E o velho sufi riu e disse: "E onde estão os seus?"

E o americano disse: "Estou aqui como turista, é claro. Não posso sair carregando meus móveis!"

E o velho disse: "E eu também: estou aqui como turista, só por alguns dias, e depois vou embora, assim como você."

Este mundo é apenas uma peregrinação — de grande importância, mas não um lugar a que se deva pertencer, não um lugar do qual devamos fazer parte. Ajustar-se a este mundo é perder-se. O profano é o ajustado; um buda é obrigado a continuar forasteiro. Todos os budas são forasteiros. Mesmo na multidão, estão sós. Mesmo no mercado, não estão lá. Mesmo quando se relacionam, continuam isolados. Há uma espécie de distanciamento sutil que está sempre ali.

E esse distanciamento é liberdade, esse distanciamento é uma grande alegria, é o seu próprio espaço. Você se considera solitário? Você precisa ficar se comparando com outras pessoas: "Eles estão tendo tantos relacionamentos, estão tendo casos amorosos. Eles pertencem uns aos outros, eles são ajustados — e eu sou solitário." Você precisa ficar criando angústia desnecessariamente. Minha abordagem sempre é: tudo o que Deus lhe deu deve ser uma sutil necessidade da sua alma; do contrário, não teria sido dado, antes de mais nada.

Pense mais na solidão. Celebre a solidão, celebre o seu espaço puro, e uma grande música nascerá no seu coração. E será uma música de consciência, uma música de meditação. Será a música de um pássaro solitário chamando à distância — não chamando ninguém em particular, mas simplesmente chamando, porque seu coração está cheio e ele quer chamar, porque a nuvem está cheia e quer chover, porque a flor está cheia e as pétalas se abrem e exalam a fragrância... sem destinatário fixo. Deixe que a sua solidão se torne uma dança.

6 de Arco-Íris/O Plano Físico: Concessão

CONCESSÃO

A concessão é uma coisa feia (...). Como a verdade pode fazer concessões à mentira?

As religiões não conseguem existir sem o diabo. Elas precisam de um Deus e precisam de um diabo também. Portanto, não se deixe enganar quando vir somente Deus em seus templos. Logo atrás daquele Deus se esconde o diabo, pois nenhuma religião consegue existir sem o diabo.

Alguma coisa precisa ser condenada, alguma coisa precisa ser combatida, alguma coisa precisa ser destruída. O total não é aceito, mas apenas a parte. Isso é muito básico. Você não é aceito totalmente por nenhuma religião, mas apenas parcialmente. Elas dizem: "Nós aceitamos o seu amor, mas não o seu ódio. Destrua o ódio." E isso é um problema muito profundo, porque, quando você destrói completamente o ódio, destrói também o amor — pois eles não são dois. Elas dizem: "Nós aceitamos o seu silêncio, mas não a sua fúria." Destrua a fúria, e a sua vivacidade será destruída. E então você estará em silêncio, mas não vivo — será apenas um morto. Esse silêncio não é vida, é simplesmente morte.

As religiões sempre dividem você ao meio: o mal e o divino. Elas aceitam o divino, mas são contra o mal — o mal precisa ser destruído. Por isso, quando alguém realmente as segue, chega à conclusão de que, no momento em que se destrói o diabo, destrói-se Deus. Mas ninguém realmente as segue — ninguém consegue segui-las, porque o próprio ensinamento é absurdo. Portanto, o que fazem todos? Apenas enganam. É por isso que existe tanta hipocrisia. Essa hipocrisia foi criada pela religião. Você não consegue fazer o que lhe ensinam a fazer, de modo que você se torna hipócrita. Se você as seguir, vai morrer; se não segui-las, vai sentir-se culpado por não ser religioso. Portanto, o que fazer?

A mente astuta faz uma concessão. Diz à religião, da boca para fora: "Eu estou seguindo", mas faz tudo o que quer. Você continua com sua fúria, com seu sexo, com sua ambição, mas diz que a ambição é má, que a fúria é má, que o sexo é mau — que é pecado. Isso é hipocrisia. O mundo inteiro se tornou hipócrita; nenhum homem é honesto. Enquanto essas religiões que dividem as pessoas não desaparecerem, nenhum homem poderá ser honesto. Isso parecerá contraditório, porque todas as religiões ensinam a ser honesto; mas elas são os fundamentos de toda a desonestidade. Elas tornam você desonesto; como lhe dizem para fazer coisas impossíveis, que você não consegue fazer, você se torna hipócrita.

❦

Esse é um grande desafio da existência: você deve criar o seu próprio caminho, que leve ao seu próprio templo. Não há ajuda possível, e essa é a grandeza da humanidade, uma dignidade enorme: que você só possa trilhar o seu próprio caminho.

Todas as religiões conduzem as pessoas de maneira errada; destroem as pessoas, transformam-nas em ovelhas. Uma religião autêntica transformaria um homem num leão, que anda sozinho, nunca em bando. Ele nunca se adapta ao bando porque, com o bando, você precisa sempre fazer concessões. Com o bando, você precisa sempre dar ouvidos aos outros: às suas críticas, às suas avaliações, às suas concepções de certo e errado, aos seus valores quanto ao que é bom ou mau.

No bando você não consegue permanecer natural. O bando é um ambiente muito antinatural. A menos que você seja muito consciente, o bando vai triturá-lo. É por isso que não se vêem muitos budas no mundo. Um buda precisa lutar por sua individualidade milímetro por milímetro. Ele não cede ao bando, qualquer que seja o preço a pagar. A menos que você mantenha constante a atitude de não fazer concessões, não conseguirá deixar de ser afetado pelo bando em que vive.

E, infelizmente, todos nascem num bando — os pais, os professores, os vizinhos. Ninguém tem sorte o bastante para nascer sozinho; isso, portanto, está fora de questão. Você nasce na sociedade, no bando. A menos que você consiga manter a sua inteligência livre da poluição que o cerca de todos os lados, mais cedo ou mais tarde você se tornará outra pessoa, alguém que a natureza jamais desejou que você fosse.

Lembre-se constantemente de que você tem o seu próprio destino, assim como todos os outros têm seu próprio destino. A menos que se torne uma flor, cujas sementes você carrega dentro de si, você não sentirá felicidade, plenitude, contentamento; não será capaz de dançar ao sabor do vento, da chuva, do sol. Você só pode estar no paraíso como indivíduo se seguir o caminho que você cria ao andar nele. Não existem caminhos pré-fabricados. Ao entrar nele, você entra no espaço puro — e não numa estrada; não há sequer rastros. Buda dizia que o mundo interior é exatamente como o céu. Os pássaros voam, mas não deixam rastro. Ninguém consegue seguir seu rastro, pois no céu o rastro não existe; assim que eles passam, o rastro se dissolve.

O céu interior permanece sempre puro, só esperando por você — pois ninguém pode entrar em você.

7 de Arco-Íris/O Plano Físico: Paciência

Quando as pessoas começam a se dedicar ao mundo interior, a impaciência é a maior barreira. É preciso uma paciência infinita. Pode acontecer no momento seguinte, mas é preciso uma paciência infinita.

Existe um provérbio zen que diz: "Apresse-se lentamente." Está certo! Está certo, apresse-se, porque você vai morrer — apresse-se nesse sentido. Mas, por dentro, se tiver pressa demais, você vai errar, porque vai terminar cedo demais, antes que os seus olhos entrem em sintonia. Não termine cedo demais.

Apresse-se lentamente. Apenas espere! Vá até lá, sente-se e espere. Aos poucos, um novo mundo do invisível ganha nitidez, vem até você. Você entra em sintonia com ele, e consegue, assim, ouvir a harmonia, a melodia; o silêncio começa sua própria música. Está sempre lá, mas é tão silencioso que é preciso ter ouvidos muito treinados. Não é como um ruído; é como o silêncio. O som, por dentro, é como o silêncio; a forma, por dentro, é como o sem-forma. Não existe tempo nem espaço no interior, e tudo o que você conhece está no espaço ou no tempo. As coisas estão no espaço, os eventos estão no tempo, e hoje os físicos dizem que essas duas coisas não são duas; mesmo o tempo não passa de uma quarta dimensão do espaço.

Você conhece apenas o tempo e o espaço, o mundo das coisas e dos eventos. Você não conhece o mundo do observar a si mesmo. Está além de ambos; não está confinado a nenhum tempo nem a nenhum espaço. Existe duração, mas sem tempo; existe espaço, mas sem qualquer altura, comprimento ou largura — é um mundo totalmente diferente. Você precisa entrar em sintonia com ele; portanto, não se impaciente — a impaciência é a maior barreira. Tenho a impressão de que, quando as pessoas começam a se dedicar ao mundo interior, a impaciência é a maior barreira. É preciso ter uma paciência infinita. Pode acontecer no momento seguinte, mas é preciso ter uma paciência infinita.

Quando você é impaciente, pode não acontecer por vidas a fio, porque a própria impaciência não lhe permitirá o descanso de que Jesus fala — a tranqüilidade. Mesmo que você alimente expectativas, será uma perturbação. Se você pensar que algo vai acontecer, algo de extraordinário, nada vai acontecer. Se você espera, se está na expectativa de que uma iluminação qualquer vai acontecer, você vai errar. Não espere. Todas as expectativas pertencem ao mundo da morte, à dimensão do tempo e do espaço.

Nenhum objetivo pertence ao mundo interior. Não há caminho que leve a ele exceto a espera, a infinita paciência. Jesus disse: "Vigiai e sede pacientes." E um dia, de repente, você será iluminado. Um dia, quando surgir a sintonia certa, quando você estiver pronto, de repente será iluminado. Toda a escuridão desaparecerá; você estará cheio de vida, de vida eterna, que nunca morre.

❈

A paciência é muito alerta, muito ativa e esperançosa. Quando espera por alguém — um amigo que está para chamá-lo —, você pode estar sentado ao lado da porta, mas está muito atento, alerta. Qualquer barulho na rua, qualquer carro passando, e imediatamente você olha: talvez o amigo tenha chegado. O vento sopra em sua porta, e você, de repente, está alerta: talvez ele tenha batido à porta... Folhas mortas no jardim, indo para lá e para cá, e você sai de casa: talvez ele tenha chegado... A paciência é ativa assim. É um esperar. Não é sombria; é muito radiante. Não é inconsciente; não é como um estupor. É como uma chama brilhante ardendo. Espera-se. É possível esperar indefinidamente, mas espera-se de modo esperançoso, de modo ativo, alerta, atento.

❊

Você não pode forçar as coisas a acontecerem antes do tempo. A primavera vai chegar, e as flores vão desabrochar, mas você não pode forçar a primavera. A chuva vai chegar, as nuvens vão cobrir o céu, toda a sede da terra vai acabar — mas você não pode forçar; é preciso ser paciente.

E essa é a beleza: quanto mais paciente você é, mais rapidamente vem a primavera. Se você consegue ter uma paciência absoluta, no mesmo instante a primavera pode vir.

Sua urgência cria um problema para você, porque ela o deixa cada vez mais confuso, cada vez mais inquieto, apressado. Compreendo; toda a tradição ocidental ensina a você uma única coisa: a velocidade.

Todos tentam enriquecer o mais rápido possível, e, naturalmente, quando quer enriquecer rápido, você precisa encontrar algum meio imoral — tráfico de heroína, talvez. Todos os líderes religiosos do Ocidente são contra as drogas, mas não entendem que a idéia de velocidade, de que todos precisam ser rápidos o bastante... e há milhões competindo pela mesma posição; naturalmente, existe competição, inveja, violência. Não importa, os meios não importam, o fim é chegar lá rapidamente — seja a uma posição de poder, ou à fama mundial, ou a ter todas as riquezas possíveis.

Mas as árvores não crescem impacientemente. Elas se movem com graça, com paciência, com confiança. Não há pressa em parte alguma, exceto na sua mente. Se você realmente quer viver num estado de paz e alegria, precisa desaprender o velho hábito de alcançar as coisas rapidamente, velozmente. A urgência cria naturalmente a pergunta: "Como?" Quando a velocidade é necessária, a tecnologia é necessária. "Como" significa tecnologia. A meditação não é subproduto de nenhuma tecnologia. Não precisa de nenhuma tecnologia. Não precisa de nenhum "como". Precisa simplesmente do agora.

E, na meditação, você não está indo a parte alguma. Simplesmente está aqui, relaxado, totalmente centrado em si mesmo. Tudo pára. Não é preciso nenhum "como" para isso.

❊

A palavra que designa a pessoa adoentada, "paciente", é bonita. Ela significa que é preciso paciência; é preciso esperar. Na verdade, a função do médico é ajudar o paciente a ser paciente. Ele é consolado ao receber medicação. Ele pensa: "Agora alguma coisa está sendo feita, e em breve estarei curado." Ele é ajudado a esperar. O médico não pode fazer mais nada. É por isso que tantas "patias" funcionam — homeopatia, alopatia, *ayurveda* —; milhares de patias funcionam, até mesmo a naturopatia. Naturopatia significa não fazer nada, ou fazer alguma coisa que, na verdade, não é nada. O trabalho é feito pela própria natureza.

8 de Arco-Íris/O Plano Físico: Simplicidade

O eu descoberto nada sabe da mente anormal, pervertida, neurótica. Ele é comum, simples — mas de uma simplicidade luminosa.

Uma história que ouvi:

O rei e o sumo sacerdote do país estavam ambos rezando, bem cedo, pela manhã. Ainda estava escuro, e eles não enxergavam dentro do templo. O rei dizia: "Meu Deus, não passo de poeira debaixo de vossos pés. Não sou ninguém. Tende piedade de mim!" E o sacerdote dizia quase a mesma coisa, com palavras diferentes, talvez, mas a mesma coisa: "Não sou ninguém. Tende piedade de nós!"

E então os dois ouviram, com surpresa, uma terceira voz. Àquela hora, já estava um pouco mais claro, e eles puderam ver — o mendigo mais pobre da cidade também estava rezando, e dizendo: "Deus, sou a poeira debaixo de vossos pés. Não sou ninguém. Tende piedade de nós!"

O rei piscou, voltou-se para o sacerdote e disse: "Veja quem está dizendo que é apenas um homem comum, que não é ninguém. Veja só! Quem está dizendo 'eu não sou ninguém'? Um simples mendigo! O rei pode dizer 'eu não sou ninguém', o sumo sacerdote pode dizer 'eu não sou ninguém'; mas um mendigo? Que egoísta! Que pretensioso!"

Ambos riram da idéia de o mendigo tentar ser igual ao rei ou ao sacerdote. Ele também estava se vangloriando de não ser ninguém. O rei e o sacerdote acharam aquilo um insulto.

É claro que eles podem dizer que não são ninguém, porque todo mundo sabe que eles são alguém. Até mesmo Deus sabe que são! Eles estão apenas sendo humildes. Mas, no caso desse pobre mendigo, qual é a humildade? Ele certamente não é ninguém, e está dizendo: "Eu não sou ninguém." Que sentido faz dizer isso?

Lembre-se: os chamados santos tentam ser humildes diante de Deus, mas só para poderem ser maiores aos olhos das pessoas. Mas a minha idéia de homem religioso é a daquele que não reivindica sequer a simplicidade — ele não reivindica. Ele simplesmente é comum, o que quer que ele seja.

Perguntaram a Rinzai, um mestre zen: "O que você fazia antes de ser iluminado?"

Ele disse: "Eu cortava madeira e tirava água do poço."

E o homem perguntou: "Mas e agora, que é iluminado, o que você faz?"

Ele disse: "A mesma coisa — corto madeira e tiro água do poço."

O homem ficou perplexo. Disse: "Não consigo entender. Qual é a diferença, então? Para que tornar-se iluminado? Antes você cortava madeira e tirava água; hoje você continua o mesmo. Qual é a diferença, então?"

Rinzai riu e disse: "A diferença é: antes eu fazia isso porque *precisava* fazer, era uma obrigação; hoje é uma alegria. A qualidade mudou — o trabalho é o mesmo!"

As pequenas coisas da vida devem ser transformadas pela sua transformação interior. Isso é o que eu chamo de religiosidade; tudo se torna sagrado. Tomar banho, fazer amor, comer, dormir — tudo se torna sagrado.

❀

O senso comum é muito raro por ser comum... o ego o impede. Ele quer que você seja extraordinário, especial, V. V. I. P. Ele não o deixa ser comum, simples, ninguém, um nada — que é a sua verdadeira natureza. Nessa simplicidade, nessa nulidade, está o seu verdadeiro lar. Fora dele, só existe miséria, sofrimento, morte, angústia, *angst*. Firmar-se em sua inocência simples, não saber nada... apenas ser, e você se torna um imperador sem império algum. Não há qualquer ansiedade do império, mas um simples imperador. Essa pura essência do seu ser chama-se buda, desperto, iluminado. Não existe nenhuma outra dança ou alegria. Não existe nenhuma outra poesia, nenhuma outra música capaz de ir tão alto, tão profundamente, capaz de não ter limites, quanto a alegria do ser desperto. É o seu direito de nascença.

9 de Arco-Íris/O Plano Físico: Momento da Colheita

O único modo possível de amadurecimento é viver.

Toda a minha ênfase está em viver o momento, qualquer que ele seja, e vivê-lo com muita energia.

Se você é jovem enquanto é jovem, será velho quando for velho — muito sábio. Você terá conhecido tudo o que há de bom e de ruim na vida: o dia e a noite, o verão e o inverno — terá conhecido tudo. Da sua própria experiência, nascerá uma sabedoria. E, quando morrer, você terá desfrutado tão intensamente a vida que será capaz de desfrutar também a morte.

Somente a pessoa que desfruta a vida é capaz de desfrutar a morte. E, se você é capaz de desfrutar a morte, você a derrota. Não há mais nascimento para você, e não há mais morte — você aprendeu a lição.

Certa vez, levei um dos meus professores — era meu mestre — a um lugar muito bonito. Não há nada que se compare no mundo. Eu morava em Jabalpur, e, a apenas vinte quilômetros dali, flui o belo rio Narmada. Três quilômetros entre colinas de mármore, uma extensão de três quilômetros de colinas de mármore: é uma coisa que não é deste mundo. Nas noites de lua cheia é inacreditável; você não consegue acreditar que existe. É tão irreal! Há uma grande energia hipnótica no lugar.

Levei meu velho professor, numa noite de lua cheia, bem no meio da noite, quando a lua está exatamente acima da cabeça. Ele não conseguia acreditar que fosse possível uma coisa tão bonita nesta terra. Disse: "Que lugar bonito para morrer!"

Mas por que surge essa idéia? "Que lugar bonito para viver!" teria sido absolutamente relevante. "Que lugar bonito para amar! Que lugar bonito para dançar! e cantar!" teria sido relevante. Mas surge a idéia: "Que lugar bonito para morrer!" Por que essa obsessão pela morte? Você não consegue desfrutar nada? Não consegue ter prazer com nada? Tome cuidado com essas tendências. E, da próxima vez que um momento bonito passar por você — dance! cante! pinte! ame! A morte vai cuidar de si mesma. Um dia ela virá. Esteja maduro quando ela vier — e o único modo possível de amadurecimento é viver.

Viva profundamente, viva totalmente, viva integralmente, para que, quando a morte chegar e bater à sua porta, você esteja pronto — pronto como um fruto maduro prestes a cair. Uma pequena brisa vem, e o fruto cai; às vezes, mesmo sem a brisa, o fruto cai, por seu próprio peso e maturidade. A morte deveria ser assim. E a prontidão se adquire vivendo.

❦

Todos procuram, todos precisam procurar, mas ninguém encontra procurando. Um dia é preciso abandonar a procura; mas, quando digo "é preciso abandonar", quero dizer simplesmente que é preciso ir até o fim último, onde ela se abandona por iniciativa própria. Esse momento é realmente de grande felicidade — quando não há procura, não há anseio, não há desejo, não há para onde ir, não há o que conquistar. Você chegou em casa; atingiu o relaxamento. Você está em imenso repouso... não há sequer um murmúrio na mente. É nesse estado mesmo que Deus acontece.

Mas isso virá. Não tenha pressa. Não controle; virá. Procure um pouco mais, e, se quiser terminar em pouco tempo, corra o mais rápido que puder, e terminará logo. Se você for bem devagar, levará muito tempo. Agora mesmo seria prematuro pensar em parar. Deixe que amadureça, e, quando o fruto estiver maduro, ele cairá.

Quando a sua meditação lhe trouxer uma luz que brilha todas as noites, nem mesmo a morte será morte para você, mas uma porta para o divino. Com a luz no seu coração, a própria morte se transforma numa porta, e você entra no espírito universal; você se une ao oceano. E, se você não conhecer a experiência oceânica, terá vivido em vão.

Já é quase o momento, e o fruto está quase maduro. Você precisa apenas reunir coragem para entrar em sua floresta interior. O fruto está sempre maduro, e o momento da colheita é sempre o momento certo. Não existe momento errado.

10 de Arco-Íris/O Plano Físico: Nós Somos o Mundo

NÓS SOMOS O MUNDO

Quando compreende a si mesmo, você compreendeu toda a humanidade. Dessa mesma compreensão nasce uma visão ampliada, na qual todos nós somos irmãos e irmãs e estamos todos no mesmo barco.

Por que as pessoas se tornaram muros? Porque os muros podem ser definidos. Eles lhe dão fronteiras, contorno e forma definidos — o que os hindus denominam *nam roop*, nome e forma.

Quando se mistura e vai com a correnteza, você não tem fronteiras; não sabe onde está nem onde termina você e começa o outro. Você está tão junto das pessoas que todas as fronteiras vão ficando, pouco a pouco, indefinidas. E um dia desaparecem.

É realmente assim. A realidade não tem fronteiras. Onde você pensa que você termina? Na pele? Nós pensamos normalmente: "É claro; estamos dentro da pele, e a pele é o nosso muro, a nossa fronteira." Mas a sua pele não poderia estar viva sem ar em torno dela. Quando a pele não respira constantemente o oxigênio fornecido pelo ambiente, ela não consegue viver. Retire a atmosfera e você morrerá imediatamente. Mesmo que sua pele não esteja sequer arranhada, você vai morrer. Portanto, essa não deve ser a sua fronteira. Existem trezentos quilômetros de atmosfera cercando toda a terra — essa é sua fronteira? Também não deve ser. Esse oxigênio, essa atmosfera, o calor, a vida não podem existir sem o sol. Se o sol deixar de existir ou morrer... Um dia isso vai acontecer. Os cientistas dizem que, em quatro mil anos, o sol vai esfriar e morrer. E então, de repente, essa atmosfera não estará mais viva. Você vai morrer imediatamente. O sol, então, é a sua fronteira?

Hoje, porém, os físicos dizem que o sol está ligado a alguma fonte central de energia que ainda não fomos capazes de encontrar, mas da qual se suspeita — porque tudo está relacionado.

Portanto, onde decidiremos que está a nossa fronteira? A maçã na árvore não é você. Depois que você a come, ela se torna você. Portanto, ela apenas espera para se tornar você. Ela é você potencialmente. É você no futuro. Depois você defeca e elimina muitos resíduos do corpo. Apenas um momento antes, eles eram você. Portanto, onde você decide que está a sua fronteira?

Eu estou respirando. A respiração dentro de mim sou eu, mas, apenas um instante atrás, talvez tenha sido a respiração de vocês. Deve ter sido, porque nós estamos respirando uma atmosfera comum. Estamos todos respirando uns dentro dos outros; somos todos membros uns dos outros. Vocês estão respirando em mim, eu estou respirando em vocês.

E não é assim só com a respiração; é exatamente a mesma coisa com a vida. Você já observou? Com certas pessoas você se sente muito vivo, elas simplesmente fervilham de energia. E alguma coisa acontece em você, uma resposta, e você também fervilha. E além disso há pessoas... basta ver o rosto delas e você se sente desmoronando. Sua presença, apenas, já é veneno suficiente. Elas devem estar inoculando em você alguma coisa venenosa. E quando você se aproxima de uma pessoa e fica radiante e feliz, e de repente alguma coisa começa a palpitar no seu coração, e o seu coração começa a bater mais rápido — essa pessoa deve ter inoculado alguma coisa em você.

Nós inoculamos coisas uns nos outros. É por isso que, no Oriente, o *satsang* se tornou muito, muito importante. Estar com uma pessoa que chegou ao conhecimento, simplesmente estar na presença dela é suficiente — porque ela inocula seu ser constantemente em você. Você talvez saiba, talvez não saiba. Você talvez reconheça isso hoje, talvez não; mais cedo ou mais tarde, porém, as sementes se transformam em flores.

Nós inoculamos coisas uns nos outros. Não somos ilhas distantes. A pessoa fria fica semelhante a uma ilha, e isso é uma infelicidade, uma grande infelicidade — porque ela poderia ser um grande continente, mas decidiu ser ilha. Você decidiu continuar pobre quando poderia ser, como queria, rico.

❊

Lembre-se: todo ser humano — pode ser tanto Alexandre, o Grande como um simples mendigo na calçada —, todo ser humano é tão frágil quanto qualquer outro. Lá no fundo, ele é o mesmo — a mesma consciência, o mesmo medo, a mesma morte, o mesmo desejo, o mesmo amor: tudo é igual.

Aceite a si mesmo; deixe que a sua consciência se revele a você. É assim que todo ser humano é. Ao saber disso, você se torna um tipo de ser humano diferente. Ao aceitar isso, ao gostar disso, você proporciona uma revolução em sua vida. E, quando olhar para os outros compreendendo isso, você não encontrará estranhos; descobrirá que são todos amigos.

Todos procuram um amigo. Todos se escondem por trás de um muro e esperam que alguém diga "olá", que alguém diga: "Onde está você? Saia! Estou esperando por você!"... alguém a quem dar as mãos. Todos esperam por isso — alguém para abraçar, alguém para amar e por quem ser amado.

Não há ninguém que seja, em qualquer sentido, diferente de você. Quando compreende a si mesmo, você compreendeu toda a humanidade. Dessa mesma compreensão nasce uma visão ampliada, na qual todos nós somos irmãos e irmãs e estamos todos no mesmo barco. Então o medo desaparece; não há ninguém a quem temer. O nervosismo desaparece; irritar-se por quê? Estamos todos no mesmo barco.

❉

Quando há milhares e milhares de pessoas em todo o mundo celebrando, cantando, dançando, em êxtase, embriagadas com o divino, não há nenhuma possibilidade de suicídio global. Com tanta festividade e tanto riso, com tanta santidade e saúde, com tanta naturalidade e espontaneidade, como pode haver guerra?

A terceira guerra mundial não vai acontecer! É uma previsão minha! Não vai acontecer, por causa de vocês, por causa do meu povo em toda a terra! São a única esperança. Somente milhões de budas são capazes de criar a atmosfera propícia à paz, ao amor, à compaixão, à celebração.

A vida não nos foi dada para matar, para destruir. A vida nos foi dada para criar e exultar e celebrar.

Ao chorar e lamentar, ao sentir-se infeliz, você está sozinho. Quando celebra, a existência inteira participa com você. Só na celebração nós encontramos o supremo, o eterno. Só na celebração nós vamos além da roda do nascimento e da morte.

Tabela de Correspondências

Arcanos Maiores	TARÔ ZEN DE OSHO Arcanos Maiores	TARÔ DE RIDER E WAITE Arcanos Maiores	TARÔ DE CROWLEY Arcanos Maiores
0	O Bobo	O Louco	O Louco
I	Existência	O Mago	O Mago
II	A Voz Interior	A Sacerdotisa	A Sacerdotisa
III	Criatividade	A Imperatriz	A Imperatriz
IV	O Rebelde	O Imperador	O Imperador
V	Não-Materialidade	O Hierofante	O Hierofante
VI	Os Amantes	Os Amantes	Os Namorados
VII	Consciência	O Carro	O Carro
VIII	Coragem	A Força	A Justiça
IX	Solitude	O Eremita	O Eremita
X	Mudança	A Roda da Fortuna	A Fortuna
XI	Ruptura	A Justiça	A Luxúria
XII	Nova Visão	O Enforcado	O Enforcado
XIII	Transformação	A Morte	A Morte
XIV	Integração	A Temperança	A Arte
XV	Condicionamento	O Diabo	O Diabo
XVI	Relâmpago	A Torre	A Torre
XVII	Silêncio	A Estrela	A Estrela
XVIII	Vidas Passadas	A Lua	A Lua
XIX	Inocência	O Sol	O Sol
XX	Além da Ilusão	O Julgamento	O Éon
XXI	Completude	O Mundo	O Universo
	O Mestre	Carta em Branco	

	TARÔ ZEN DE OSHO	**TARÔ DE RIDER E WAITE**	**TARÔ DE CROWLEY**
Fogo/Paus/Paus	Fogo: Domínio da Ação	Paus	Paus
Ás	Ás de Fogo – A Fonte	Ás de Paus	Ás de Paus
2	2 de Fogo – Possibilidades	II de Paus	II de Paus – Domínio
3	3 de Fogo – O Experienciar	III de Paus	III de Paus – Virtude
4	4 de Fogo – Participação	IV de Paus	IV de Paus – Completude
5	5 de Fogo – Totalidade	V de Paus	V de Paus – Luta
6	6 de Fogo – Sucesso	VI de Paus	VI de Paus – Vitória
7	7 de Fogo – Estresse	VII de Paus	VII de Paus – Valor
8	8 de Fogo – Viagem	VIII de Paus	VIII de Paus – Agilidade
9	9 de Fogo – Exaustão	IX de Paus	IX de Paus – Força
10	10 de Fogo – Repressão	X de Paus	X de Paus – Opressão
Cartas da Corte			
Valete/Princesa	Valete de Fogo – Espírito Brincalhão	Valete de Paus	Princesa de Paus
Cavaleiro/Príncipe	Cavaleiro de Fogo – Intensidade	Cavaleiro de Paus	Príncipe de Paus
Rainha	Rainha de Fogo – O Compartilhar	Rainha de Paus	Rainha de Paus
Rei	Rei de Fogo – O Criador	Rei de Paus	Rei de Paus
Água/Copas/Copas	Água: Domínio das Emoções	Copas	Copas
Ás	Ás de Água – Indo com a Correnteza	Ás de Copas	Ás de Copas
2	2 de Água – Amistosidade	II de Copas	II de Copas – Amor
3	3 de Água – Celebração	III de Copas	III de Copas – Abundância
4	4 de Água – Voltando-se para Dentro	IV de Copas	IV de Copas – Exuberância
5	5 de Água – Apego ao Passado	V de Copas	V de Copas – Decepção
6	6 de Água – O Sonho	VI de Copas	VI de Copas – Prazer
7	7 de Água – Projeções	VII de Copas	VII de Copas – Devassidão
8	8 de Água – Deixando ir	VIII de Copas	VIII de Copas – Indolência
9	9 de Água – Preguiça	IX de Copas	IX de Copas – Felicidade
10	10 de Água – Harmonia	X de Copas	X de Copas – Saciedade
Cartas da Corte			
Valete/Princesa	Valete de Água – Compreensão	Valete de Copas	Princesa de Copas
Cavaleiro/Príncipe	Cavaleiro de Água – Confiança	Cavaleiro de Copas	Príncipe de Copas
Rainha	Rainha de Água – Receptividade	Rainha de Copas	Rainha de Copas
Rei	Rei de Água – A Cura	Rei de Copas	Rei de Copas

	TARÔ ZEN DE OSHO	TARÔ DE RIDER E WAITE	TARÔ DE CROWLEY
Nuvens/Espadas/ Espadas	Nuvens: Domínio da Mente	Espadas	Espadas
Ás	Ás de Nuvens – Consciência	Ás de Espadas	Ás de Espadas
2	2 de Nuvens – Esquizofrenia	II de Espadas	II de Espadas – Paz
3	3 de Nuvens – Isolamento Glacial	III de Espadas	III de Espadas – Dor
4	4 de Nuvens – Adiamento	IV de Espadas	IV de Espadas – Trégua
5	5 de Nuvens – Comparação	V de Espadas	V de Espadas – Derrota
6	6 de Nuvens – O Fardo	VI de Espadas	VI de Espadas – Ciência
7	7 de Nuvens – Política	VII de Espadas	VII de Espadas – Frivolidade
8	8 de Nuvens – Culpa	VIII de Espadas	VIII de Espadas – Interferência
9	9 de Nuvens – Sofrimento	IX de Espadas	IX de Espadas – Crueldade
10	10 de Nuvens – Renascimento	X de Espadas	X de Espadas – Ruína
Cartas da Corte			
Valete/Princesa	Valete de Nuvens – A Mente	Valete de Espadas	Princesa de Espadas
Cavaleiro/Príncipe	Cavaleiro de Nuvens – A Luta	Cavaleiro de Espadas	Príncipe de Espadas
Rainha	Rainha de Nuvens – Moralidade	Rainha de Espadas	Rainha de Espadas
Rei	Rei de Nuvens – Controle	Rei de Espadas	Rei de Espadas
Arco-íris/Pentáculos/ Discos	Arco-íris: Domínio do Plano Físico	Pentáculos	Discos
Ás	Ás de Arco-íris – Maturidade	Ás de Pentáculos	Ás de Discos
2	2 de Arco-íris – Momento a Momento	II de Pentáculos	II de Discos – Mudança
3	3 de Arco-íris – Orientação	III de Pentáculos	III de Discos – Trabalho
4	4 de Arco-íris – O Avarento	IV de Pentáculos	IV de Discos – Poder
5	5 de Arco-íris – O Forasteiro	V de Pentáculos	V de Discos – Preocupação
6	6 de Arco-íris – Concessão	VI de Pentáculos	VI de Discos – Êxito
7	7 de Arco-íris – Paciência	VII de Pentáculos	VII de Discos – Fracasso
8	8 de Arco-íris – Simplicidade	VIII de Pentáculos	VIII de Discos – Prudência
9	9 de Arco-íris – Momento da Colheita	IX de Pentáculos	IX de Discos – Ganho
10	10 de Arco-íris – Nós Somos o Mundo	X de Pentáculos	X de Discos – Riqueza
Cartas da Corte			
Valete/Princesa	Valete de Arco-íris – Aventura	Valete de Pentáculos	Princesa de Discos
Cavaleiro/Príncipe	Cavaleiro de Arco-íris – Desaceleração	Cavaleiro de Pentáculos	Príncipe de Discos
Rainha	Rainha de Arco-íris – Florescimento	Rainha de Pentáculos	Rainha de Discos
Rei	Rei de Arco-íris – Abundância	Rei de Pentáculos	Rei de Discos

Sobre o Autor

Osho desafia qualquer categorização. Suas milhares de palestras abrangem desde buscas individuais por significado até os assuntos sociais e políticos mais urgentes da sociedade atual. Seus livros não são escritos, mas transcrições de gravações em áudio e vídeo de suas conversas e palestras feitas de improviso a plateias de várias partes do mundo. Como ele mesmo disse, "Lembre-se, portanto: nada do que eu digo é só para você... Eu estou me dirigindo também às gerações futuras".

Osho foi descrito pelo *Sunday Times*, de Londres, como um dos "mil criadores do século XX", e pelo autor americano Tom Robbins como "o homem mais perigoso desde Jesus Cristo". O jornal *Sunday Mid-Day* (Índia) elegeu Osho – ao lado de Buda, Gandhi e o primeiro-ministro Nehru – como uma das dez pessoas que mudaram o destino da Índia.

Sobre o seu próprio trabalho, Osho disse que está ajudando a criar as condições para o nascimento de um novo tipo de ser humano. Frequentemente ele caracterizou esse novo ser humano como "Zorba, o Buda" – capaz tanto de desfrutar os prazeres da terra, como Zorba, o Grego, como de desfrutar a silenciosa serenidade, como Gautama Buda.

Como um fio de ligação percorrendo todos os aspectos do trabalho de Osho, há uma visão que engloba tanto a sabedoria perene do Oriente como o potencial mais elevado da ciência e da tecnologia ocidentais.

Osho é conhecido pela sua revolucionária contribuição à ciência da transformação interior, com uma abordagem de meditação que leva em conta o ritmo acelerado da vida contemporânea. Suas singulares meditações ativas são estruturadas de modo a primeiro aliviar as tensões acumuladas no corpo e na mente, para que então fique mais fácil experimentar na vida diária um estado meditativo relaxado e livre de pensamentos.

Dois trabalhos autobiográficos do autor estão disponíveis:

Autobiografia de um Místico Espiritualmente Incorreto, publicado por esta mesma Editora. *Glimpses of a Golden Childhood* (Vislumbres de uma Infância Dourada).

Sobre o Resort OSHO *de Meditação*

O Resort **OSHO** de Meditação é um excelente lugar para des-frutar as férias e também um lugar onde as pessoas podem ter uma experiência direta de uma nova maneira de viver, com mais atenção, relaxamento e diversão. Localizado em Puna, Índia, a aproximadamente 160 quilômetros a sudeste de Mumbai, o resort oferece uma variedade de programas aos milhares de pessoas que o visitam a cada ano, procedentes de mais de cem países.

Originalmente desenvolvida como um retiro de verão para marajás e colonialistas britânicos de alto poder aquisitivo, Puna é agora uma cidade próspera, moderna, que abriga inúmeras universidades e indústrias de alta tecnologia. O Resort de Meditação se estende por mais de quarenta acres, em um arborizado bairro residencial conhecido como Koregaon Park. Embora dentro do *campus* as acomodações para visitantes sejam limitadas, há um grande número de hotéis e apartamentos próximos, disponíveis para permanência de alguns dias a vários meses.

Todos os programas do Resort de Meditação se baseiam na visão de Osho de um tipo qualitativamente novo de ser humano, capaz tanto de participar de modo criativo na vida diária como de relaxar no silêncio e na meditação. A maioria dos programas acontece em acomodações modernas com ar condicionado, e inclui uma variedade de sessões individuais, cursos e *workshops* que abrangem artes criativas, tratamentos holísticos de saúde, processos de transformação pessoal e terapia, ciências esotéricas, a abordagem "Zen" nos esportes e na recreação, temas de relacionamento e transições importantes na vida de homens e mulheres. As sessões individuais e os *workshops* são oferecidos durante todo o ano, juntamente com uma extensa programação diária de meditação.

Restaurantes e cafés ao ar livre dentro do resort servem tanto comidas indianas tradicionais como uma variedade de pratos internacionais, todos feitos com vegetais produzidos organicamente na própria fazenda do resort. O *campus* tem seu próprio suprimento de água filtrada de boa qualidade. www.osho.com/resort.

Para maiores informações: www.osho.com
Nesse site abrangente, escrito em várias línguas, você pode fazer um *tour* visual pelas instalações do Resort **OSHO** de Meditação, ter informações sobre livros e gravações de áudio, uma lista dos centros de informação sobre Osho espalhados pelo mundo, um calendário com os cursos oferecidos e uma seleção dos vários discursos de Osho.

Osho International
Nova York
E-mail: oshointernational@oshointernational.com
http://www.osho.com/oshointernational